AGAINST DEMOCRACY

上

アゲインスト・デモクラシー

著者

ジェイソン・ブレナン

訳者

井上彰　小林卓人　辻悠佑
福島弦　福原正人　福家佑亮

keiso shobo

AGAINST DEMOCRACY

by Jason Brennan

Japanese translation published by arrangement with
Princeton University Press

through The English Agency (Japan) Ltd.

二〇一七年のペーパーバック版への序文

二〇一六年は、デモクラシーにとってひどい年であった。対照的に、デモクラシーを批判する側にとっては良い年であった。以下がその証拠である。

- 私はデモクラシーの欠陥を指摘するコラムや雑誌記事の執筆依頼を受け、一九ものコラムや記事を書いた。本書を執筆した二〇一四年もしくは二〇一二年には、同種の関心はなかった。
- また、投票すべきでない者もいる、という自説を論じるためにラジオにも呼ばれた。リスナーは、「わかっている！　じゃあ、どうすりゃいい？」と言うために電話をかけてきた。その前年に同じ話題を同じ番組でしたときには、リスナーは、「よくもまあそんなことが言えるな！」と伝えるために電話をかけてきた。
- 一〇月から一二月にかけて、日ごとに複数のメディアからインタビューを受けた。
- 『アゲインスト・デモクラシー』は、主要メディアに広く取り上げられた。その範囲は、アメリカ、カナダ、イギリス、ドイツ、アイルランド、フランス、スウェーデン、ノルウェー、スイス、オランダなどにわたる。本書はこれまでに六つの言語に翻訳されている。

これは単なる私の履歴書ではない（まあ、そういう面もおそらくちょっとはある）。むしろ、私なりの手応えを示すものだ。私は二〇〇九年以来、政治参加についての最も神聖視されてきた理念に挑戦する本と論文を著してきた。すると二〇一六年に突如、人々は私の話に耳を傾けるようになったのだ。私の主張に同意しないかもしれないが、私の主張をこれまでよりずっと積極的に考えるようになった。

ブレグジットをめぐる国民投票で、僅差で「離脱」が勝利した。ブレグジットの投票が行われる前の月に、イプソス・モリの国民意識調査によると、イギリス国民がその決定にかかわる重要な事実について、体系的に誤解していたことがわかった。たとえば、離脱派は、ＥＵからの移民がイギリスの人口の二〇％を占めると思っていた。残留派は一〇％と見積もっていた。双方とも間違っているが、離脱支持者の方がより間違っていた。真実は五％近くだ。また離脱派も残留派も、イギリスが移民に児童手当をいくら支払っているかについて、平均で実際の額の四〇倍から一〇〇倍ほど多く見積もっていた。双方ともＥＵからの外国投資の量をかなり低く見積もっていたし、中国からの投資の量をかなり多く見積もっていた[1]。もちろんこのことは、残留が正しい決定だったことを証明するものではない。だが、重要な事実の受け止め方が間違っていればいるほど、離脱に投票する傾向があったというのは、きな臭い話のように思えてならない。

アメリカはアメリカで、乱痴気騒ぎに興じている。不安症に陥っている職場の同僚たちは、ドナルド・トランプがかなりの大惨事を引き起こすと考えているが、私はそうした見方には懐疑的だ。しかし、それにしても、大統領予備選挙での当初の支持は、著しく知識の乏しい投票者に由来するものであった。トランプが候補者指名で勝利したのは、部分的には共和党の予備選において知識の豊富な投票者が分裂したからだ。トランプが共和党の暫定候補になったとたん、本書の第二章と第三章で説明する政党内での〔政治的〕部族主義が横行した。「トランプに勝たせるな！」と主張していた共和党員の多くは、いやいやながらもトランプに投票した。

アメリカの左派は左派で、間違った情報だらけの経済ポピュリズムの悪い見本となっている。バーニー・サンダースは大雑把には、トランプと同様、保護主義者であり反移民論者である。経済学者のブラッド・デロングは、次のようにコメントしている。

以前からも広まっていた政治的に真実っぽい話が、いまや経済を主題にして、どんどん勢いよく広まっている。政治家は、経済的リアリティとの結びつきが非常に乏しい主張――まさに真実っぽく感じる主張――をしていて、それを実行しようとしている。それは無知からのケースもあれば、ひねた計算からのケースもある。

…トランプとサンダースは、貿易にかんする議論では終末論者だった。そしてクリントンも真実を放棄した。(2)

第二章で論じるように、トランプとサンダースが推す経済のアイデアは、端的に何百年にもわたる経済学の研究と数多くの経験的証拠に反するものである。くわえて、そうした保護主義や移民への敵対的姿勢を促す経済の見方は、政治についての知識と負の相関関係にある。知識の豊富な投票者は、平均でみると、人口統計上のバックグラウンドや政党帰属意識に関係なく、自由貿易と移民増加を支持している。

一般紙で本書の書評を書いた評者の中には、『アゲインスト・デモクラシー』がトランプやブレグジットに触れていないことに注目する者もいた。私が本書の最終原稿にあたっていた頃、トランプがリードしていたものの、まだ候補者に指名されてはいなかった。ブレグジットの国民投票もまだ行われていなかった。いずれもこういう結果になるとは予測していなかった。

本書『アゲインスト・デモクラシー』は、トランプ現象もブレグジットも私の懸念を例証するものだが、それらへの〔直接的な〕応答ではない。デモクラシーに対する私の批判は、長期にわたって体系的にみられる経験的トレンドに基づくものである。約六五年前、投票者にどの程度知識があるかについての測定がはじまった。結果は、残念なものであったし、いまもその状況に変わりはない。というのも、〔投票者の知識を〕測定してきた限りでは、平均的なモデルとなる中位投票者は相変わらず、政治にかんする基本的な知識について誤解しているか、無知である。中位投票者は、より高度な社会科学の知識についてはなおのこと知らない。無知や誤解のせいで、もしもっとまともな知識があれば支持しないような政策や候補者を支持してしまう。結果として、最適とは言いがたい、ときにあまりよろしくない政治的結果を招いてしまう。第四章と第五章で論じるように、デモクラシーと投票の平等権には内在的価値がないのだから、別の統治形態を実験する余地もあるはずだ。正義が「一人一票」を求めるのは、そうすることで他の統治形態よりも実質的に良い結果を生み出すことが、経験的に判明した場合に限られる。

私はデモクラシーには批判的だが、デモクラシーのファンでもある。『自由にかんするオックスフォード・ハンドブック』に収められる予定の「デモクラシーと自由」という論考で論じたのは、実際問題として、デモクラシーは多くの重要な帰結と正の相関を示しており、しかもそれは単なる相関関係ではなく因果関係と思われることである。(3) デモクラシーはデモクラシーでない体制よりも経済的・市民的諸自由を守るためにより良い働きをするし、経済的により豊かな傾向も示す。いま、この世で最も暮らしやすい場所は、概して民主的な社会である。だが、デモクラシーに体系的な欠陥があることがわかっている以上、別の選択肢を模索したり、可能な範囲で実験することを拒むべきではない。

本書『アゲインスト・デモクラシー』で私は、最も不快な代替案と多くの人がみなすと思われるもの、すなわち、エピストクラシー〔知者による支配〕の試行を擁護している。エピストクラシーの形式をとる政府は、共和主義的代表制が有する通常の特徴を大方保持している。政治的権力は、少数の者によって集中的に掌握されることなく分散している。抑制と均衡も存在する。だが法律により、エピストクラシーは主要な政治的権力を、自動的に等しく配分することはしない。むしろ法律によって、より有能ないし知識がある市民は、能力もしくは知識があまりない市民よりも、なんらかのかたちで、いくぶんかは多くの政治的権力を有する〔ことになる〕。

第一章では、投票行動の三つのモデルを導入する。ホビットは、政治にかんして低い関心しかもたず、政治参加も低調な知識の乏しい市民である。ホビットは一般的に、不安定なあるいは弱いイデオロギー上のコミットメントしか示さない。対照的にフーリガンは、政治への強いコミットメントと政治的アイデンティティを有する〔ホビットよりも〕知識の豊富な市民である。フーリガンは、確証バイアスや内集団バイアスといった認知バイアスに苛まれている。フーリガンにとって政治は大方、チームスポーツである。（本書のハードカヴァー版で言及するのを忘れてしまった人の中に、ドリュー・ストーンブレイカーがいる。ドリューが私に、この「フーリガン」というラベルを使うことを提案してくれた。）ヴァルカンは、理想的なタイプの市民――完璧なまでに合理的で、知識が豊富で、自らの信念に度が過ぎるほど忠実ではないタイプの思考が可能な人――である。

第二章では、ほぼすべての市民が、ホビットとフーリガンの間のスペクトラム上に収まることを論じる。アメリカの非投票者の平均がホビットであり、投票者の平均がフーリガンである。しかし問題は、デモクラシーの哲学的理論の多くが、市民はヴァルカンの如く行動すると想定していることである。哲学者は、市民を政治にかかわらせることで、市民がホビットからヴァルカンに変わると想定する、もしくはそう願っている。だが、第三章で論じるように、最も信頼できる証拠から言えるのは、政治への関与によってホビットはフーリガンになり、フーリガンはさらにたちの悪いフーリガンになる、ということだ。デモクラシーはホビットとフーリガンによる支配を意味するのだ。

となると、エピストクラシーはヴァルカンによる支配なのか。ここで私がはっきりさせたいのは、その答は否である、ということだ。私がヴァルカンのアイデアを提起したときのポイントは、ヴァルカンが支配すべきであるということでも、エピストクラシーによってフーリガンやホビットを支配できるようにヴァルカンに首尾よく権力が与えられるということでもない。エピストクラシーが採用されたとしても、おそらくヴァルカンはごくわずかしか存在しないだろう。

さらに、知識の豊富な投票者を知識の乏しい投票者と区別するのは比較的容易だが、認知バイアスを大規模でテストするのは比較的難しい。「できない」と言うわけではない。事実、人がどれだけの知識をもっているのかを吟味し、またデータについてバイアスがかった解釈をしていないかをみるテストを考案することは可能だろう。たとえば、第二章では、認知バイアスにかんするダン・カハン〔ら〕の研究について論じる。知識の豊富なヴァルカンを知識の豊富なフーリガンと区別するために、カハン〔ら〕が使った類の設問を使うこともできよう。

もっとも、私が言いたいことはそれほど野心的ではない。現実的にみれば、エピストクラシーはフーリガンによる支配を意味するだろう。しかし、デモクラシーの場合よりはましなフーリガンによる支配となるだろう。あるいは、私が提案するエピストクラシーの一形態——私が疑似神託と呼ぶ政府のあり方——は、ヴァルカンが望むと思しきことを推定するために、フーリガンとホビットを用いる提案である。

多くのジャーナリストが私に次のことを聞いてきた。いかなる国も短期間でエピストクラシーを実現するチャンスはほとんどないのだから、本書のプラクティカルな結論は一体どういうものになるのか。とどのつまり、いま私たちに一体何ができるのか、と。ブライアン・カプランは、国家的な「投票者になるための到達度テスト（Voter Achievement Exam）」を提案する。毎年（あるいは、おそらくは選挙前に）政府が、政治についての基本的知識や基本的な社会科学の問題を網羅した志願制のテストを用意する。そのテストを受けた市民の中で、全問題につき九〇～一〇〇％の正答率となった者には、一〇〇〇ドルの賞金が、八〇～八九％で五〇〇ドルの賞金が、七〇～七九％で一〇〇ドルの賞金が与えられる。それよりも低い正答率の場合は、賞金はもらえない。(4) 政府は公民教育にお金を出す代わりに、以上のテストを実施すればよい――結局のところ、公民教育はうまくいかなかったわけで、公民教育をカリキュラムから削除することにマイナスの影響はない。（公民教育がうまくいかない理由は、第二章で説明する合理的無知のせいである。ほとんどの市民には、学校で習った公民の知識を覚えようとするインセンティヴはない。）この提案は、アメリカ合衆国憲法に反していない。カプランが主張するように、それは「デモクラシーをより良く機能させるためのお手頃で、誰も傷つけない方法」である。(5)

もう一つのアイデアは、公民志向文化を変えることである。二〇〇九年に拙稿「投票所を汚す」が公刊されてからというもの、私は「投票へ行こう！　みんなの投票を考慮しよう！」という真言は危険だと論じてきた。ほとんどの市民は投票を通じて、私たちにとって何一つ望しいことをやってくれない。みんなに投票を呼び掛けることは、みんなにゴミのポイ捨てを呼び掛けるようなものだ。

本書『アゲインスト・デモクラシー』は、二〇一六年八月下旬に公刊された。いくつかの本書にかんするシンポジウムが予定されているが、この序文を書いている二〇一七年二月現在の段階では、本書を批判するピアレビューに基づくメジャーな論文は出ていない。哲学や政治科学は反応が来るのが遅いことに定評がある。それゆえ、本書にかんする主要な批判がどういうものになるかはまだわからない。が、批判は出てくると確信している。

とはいえ、これまでの本書にかんする三〇ほどの講演から、私が「エピストクラシーへの人口構成に基づく反論」と呼ぶものが、最も聴衆を悩ませてきたものであることはわかっている。注意して欲しいのは、これは本書の公刊以降に提起された新しい反論ではないということだ。むしろそれは、私が第八章ですでに論じた反論であり、それ以来、聴衆に向けて頻繁に説明してきたものである。人口構成に基づく反論とは、以下の通りである。

ほとんどのエピストクラシーの体制は、知識の乏しい市民より知識の豊富な市民に大きな政治的権力を与える。しかし、政治の基本的知識について繰り返し調査すると、政治の知識が人口を構成するすべての集団全員に均等に備わっていないことが判明する。人口集団の中には、とくに社会的に有利な集団のように、他の社会的に不利な集団と比べて政治にかんする知識をより多く有する傾向がある集団もある。具体的には、白人は黒人よりも、金持ちは貧乏人よりも、有職者は失業者よりも、そして男性は女性よりも政治にかんして豊富な知識をもっている(6)。それゆえ、エピストクラシー下での有権者はデモクラシー下の有権者よりも、白人で、金持ちで、仕事持ちで、かつ男性になりがちだ。

それだけでは反論は終わらない。反論を完成させるには、二つのやり方がある。一つは、エピストクラシーは人口構成を不均等にしか代表しえないという事実だけをもって、それが悪い結果をもたらすかどうかにかかわらず、不公正かつ不正であるとの論陣を張ることだ。二つ目は、私が最も厄介だと考える主張である。すなわち、エピストクラシーはそうした人口構成上の不均等により、実際に悪い結果をもたらす傾向がある、という主張である。具体的には、社会的に有利な集団にとって有益だが、社会的に不利な集団にとっては有害な結果をもたらす傾向があるという主張である。

人口構成に基づく反論への、第八章で示したものよりも徹底的かつ実質的な応答を示す論考は、もうすぐ公刊される。興味がある人は、そのコピーを送るので私に電子メールにて連絡して欲しい[1]。

以下で、少し関係する話をしようと思う。

あるとき一流大学の学生が私に、人口構成に基づく反論について質問した。彼女は、こう尋ねた。とある社会的に不利な集団のメンバーが投票しても、政府は彼らの利益に適切には応じないのではないか。そもそも投票しないなら、政府は彼らの利益を無視してしまわないか。

私は次のように応答した。私が魔法の杖をもっていると想定して欲しい。私がそれを振りかざすなら、すべての黒人が投票するよう誘導されるとしよう。しかし彼らは全員、ヒラリー・クリントンではなくドナルド・トランプに投票し、民主党よりも共和党候補に投票する。実際、杖を振りかざすことで黒人は今後常に、ドナルド・トランプに相当する人物に投票するか、福祉国家のサーヴィス削減や教育支出の削減、麻薬戦争の増加といった、あなたが嫌いな政治的政策を支持する候補者に投票する。あなたは私に、魔法の杖を振りかざして欲しいか、と。

彼女は「いいえ、もちろんそれはご勘弁」と答えた。これまで私にその質問をされた人は全員、同様に「いいえ、もちろんそれはご勘弁」と答えた。以上から、その質問をされた人は、次のことに同意していることが明らかとなった――投票することだけでなく、どう投票するかが問題である。ある集団のメンバーが投票するにあたって、誤った情報をもっていたら、彼ら自身のためにならないのはもちろんのこと、墓穴を掘っていることになるやもしれない。実際、当の学生（および他の人）でさえ、ドナルド・トランプは、トランプの主要な支持母体たる田舎の白人系アメリカ人にとって別に望ましい人ではないことに同意していた。

もしあなた（とあなたのような人）が投票したら、あなたがいかに投票しようとも、政府はとにかくあなたの客観的利益を守ると主張する理論を、ナイーヴなデモクラシー理論と呼ぶことにしよう。ナイーヴなデモクラシー理論によれば、あなたは自分を傷つけるために投票しうる。しかし、あなたが投票したことを理由に、政府はあなたに代わってあなたを自傷から守る。このナイーヴな理論を経験的にサポートするものなどほぼ存在しない。過去六ヶ月でほとんどの聴衆が、この理論を本当には信じていないことを私は学んだ。

本書『アゲインスト・デモクラシー』は、デモクラシーの代替案としてエピストクラシーに焦点を当てるが、エピストクラシーが唯一の代替案ではない。本書が真に伝えたいのは、デモクラシーがそもそも正しい体制ではないので、もっとよく機能する代替案を模索すべきだということにほかならない。〔たとえば、〕哲学者であるベン・ソーンダースとアレックス・ゲレーロは、抽選制やロトクラシー（籤による支配）――ランダムに権力を配分するシステム――を擁護した。そうしたシステムの中には、デモクラシーよりもまともな決定ができる見込みが高く、より公正である可能性が高いものがあるからだ。経済学者のロビン・ハンソンと法と経済学の教授であるマイケル・アブラモウィッツは、政策選定のための「政策領域ごとに特化した賭博市場（betting market）」を使うべきであると論じた。彼らの好む政府の形態は、「将来予測ベースの体制（futarchy）」もしくは「予測に基づく支配（predictocracy）」と呼ばれるものだ。賭博市場のおかげで、専門家や素人の意識調査よりも予測可能性を高める正確さが得られるし、そうした市場を政策選定のために用いる方法はある。法理論家のイリヤ・ソミンは、より分権化された政府と「足による投票」を活用すべきだと論じる。もし人々がある政策から別の政策を採用しているところにいまよりも簡単に移ることができれば、（A）どこに住むべきかについての情報の入手に努め、賢明にその選択を行う強いインセンティヴが与えられるし、（B）政府首脳はより望ましい政策を策定するインセンティヴをも与えられるだろう。私はこれらのアイデアのうち、どのアイデアを支持するかについて、ここでは公式の見解はとらないが、それぞれのアイデアに、とくに将来予測ベースの体制に魅力を感じる。

デモクラシーはツールにすぎない。より望ましいツールがみつかれば、それを使うのは自由だと考えるべきだ。実際、第六章で論じるように、より望ましいツールを使う義務が私たちにはある。正義は正義だ。悪い決定は単純に政治的命令によっては正しいものとはされない。政治的意思決定は高くつく。そういう意思決定をダメなものにしたいと一体誰が思うだろうか。

注

（1）"The Perils of Perception and the EU," Ipsos MORI Website, www.ipsos-mori.com/researchpublications/researcharchive/3742/The-Perils-of-Perception-and-the-EU.aspx.

（2）"NAFTA and Other Trade Deals Have Not Gutted American Manufacturing—Period," Vox Website. www.vox.com/the-big-idea/2017/1/24/14363148/trade-deals-nafta-wto-china-job-loss-trump.

（3）Jason Brennan, "Democracy and Freedom," in *The Oxford Handbook of Freedom*, ed. David Schmidtz（New York: Oxford University Press, 2017）.

（4）Bryan Caplan, "A Cheap, Inoffensive Way to Make Democracy Work Better," Library of Economics and Library Website, econlog.econlib.org/archives/2013/10/a_cheap_inoffen.html.

（5）Ibid.

（6）たとえば、Delli-Carpini and Keeter 1996, 135-177 を参照されたい。

訳注

［1］ブレナンがここで言及している論考は、すでに公刊済みである。Jason Brennan, "Does the Demographic Objection to Epistocracy Succeed?" *Res Publica* 24(1), 2018, 157–157.

序文と謝辞

一〇年前、私はほとんどの哲学的なデモクラシー理論にとまどいを覚えていた。私には、哲学者や政治理論家がデモクラシーをその象徴性に基づいて支持する議論にあまりに突き動かされているように思われたのだ。彼らは民主的プロセスについてかなり理想化された説明をしていた。それは、現実世界のデモクラシーとはほぼ似て非なるものである。こうした類の観念は、まったく魅力のないもののように思われた。私が思うに政治はポエムではないし、そうした理想的条件で私たちがなりたいのはアナーキストであって民主主義者ではない。

後に私は、哲学的なデモクラシー理論に対する自分の不満が、その分野を避ける理由ではなく、それに取り組む理由であることがわかった。少なくともデモクラシー理論には、〔あえて批判や反論を行う〕悪魔の代弁者を演じる人間が必要である。私は喜んでその役回りを演じるが、私の方が本当にそうした役回りから悪魔を擁護して、哲学者と政治理論家の方が天使を擁護しているかどうかは、いまとなっては疑わしい。

私の同僚の多くは、政治が私たちを一つにし、教育し、文明化し、公の友人同士にするという、政治についてのややロマンティックな見解を抱いている。私は、政治は私たちを敵対的なものにするとみている。すなわち、政治は私たちを引き離し、気力を奪い、堕落させ、公の敵同士にする。

本書『アゲインスト・デモクラシー』は、ある意味、二〇一一年の『投票の倫理』、二〇一四年の『義務投票制：賛成と反対』を含む三部作の三番目の作品である。『アゲインスト・デモクラシー』には、その二作品から取り上げたテーマもあるが、二作品よりも野心的な主張を擁護する作品である。『義務投票制』の半分にあたる私の担当パートは、義務投票制は正当化されないと論じるものである。『投票の倫理』では、公民的徳を実践する最善の方法は政治の外側にあり、ほとんどの市民は、たとえ投票する権利があったとしても、投票を控える道徳的義務があると主張している。本書はそうした議論をさらに進めるものである。そのため、仮に本書の議論が失敗しても、他の二冊の論証が失敗することを意味しない。本書での私の主張は、デモクラシーの実態が適切に明らかにされた場合、一部の人には投票権を付与するべきでない、あるいは、他の人と比較して弱い影響しか及ぼさない投票権を付与するべきだ、というものである

「政治は私たちにとってろくでもないもので、私たちのほとんどは、自分たちの特性をふまえて政治への関与を最小限にすべきだ」というのが、本書の主要テーマの一つである。そのテーマを取り上げることを提案してくれた、プリンストン大学出版の編集者であるロブ・テンピオに感謝する（私の議論にロブは同意するかもしれないし、同意しないかもしれない）。「広範にわたる投票者の無能さに鑑みると、エピストクラシーの方がデモクラシーよりも優れている」という第二のテーマを追究するように提案してくれたジェフリー・ブレナンに感謝する。二、三年前に『投票の倫理』を読んでくれた後、

ジェフが私に「投票者がそれほどひどければ、一体なぜデモクラシーを受け入れ続けるべきなのか」と尋ねてきた。その問いに応答する試みが、一連の論文や最終的に本書に結実している（ジェフは私の議論におそらく同意しないだろうが、この議論を追究すべきだと考えてくれていた）。

本書の内容のほとんどが新しいものだが、私がかなり以前に公刊したものに基づいており、その大部分を収録したケースもある。以下の論文と論文集の章が、それにあたる。"The Right to a Competent Electorate," *Philosophical Quarterly* 61（2011）: 700-724; "Political Liberty: Who Needs It?" *Social Philosophy and Policy* 29（2012）: 1-27; "Epistocracy and Public Reason," in *Democracy in the Twenty First Century*, eds. Ann Cudd and Sally Shloz（Berlin: Springer, 2013）, 191-204; and "How Smart Is Democracy? You Can't Answer That A Priori," *Critical Review* 26（2014）: 4-30.

意図的に省いた議論があることを注記しておきたい。デモクラシーを支持し、エピストクラシーに反対する有力な議論の一つとして、エピストクラシーは公共的理性リベラリズムと両立しないはずであるというものがある。本書でその主張を扱わないと決めたのは、次の二つの理由からである。第一に、私は公共的理性に基づく試みにまったくもって懐疑的なのだが、それを論じるために本書の半分を費やしたくはなかったからである。第二に、すでに論じたように（Brennan 2013）、エピストクラシーと公共的理性リベラリズムは実際のところ両立しうるからである。公共的理性に基づくリベラルはその主張に対しまだ応答していないがゆえに、〔その点について〕本書で新しく付け加えることはない。

ラ・シエラ大学、バッファロー大学、カリフォルニア州立大学サクラメント校、公共選択学会、ウエルズリー大学、デューク大学、アメリカ政治学会、チャールズ・スタート大学、応用哲学・公共倫理センター、オーストラリア国立大学、ジョージア州立大学、ジェームズ・マディソン大学、ウォートン・ビジネス・スクール、ハンプデン・シドニー大学、リッチモンド大学、私企業教育学会、リンフィールド大学、ボーリング・グリーン州立大学、ノースカロライナ大学チャペルヒル校、クリストファー・ニューポート大学で報告したときの聴衆から、本書で示した議論の多くに対して貴重なフィードバックをもらった。彼らに対し感謝の意を表したい。

何年にもわたって、本書で扱ったトピックについて数え切れないほど貴重な議論をしてくれた人たちに感謝する。とくに、ジェフリー・ブレナン、ブライアン・カプラン、デイヴィッド・エストランド、ローレン・ロマスキー、そしてイリヤ・ソミンに感謝する。また、バッファロー大学の「バッファロー校の無法グループ（the Lawless Buffalo Group）」のメンバーである、ジョン・ベヴァリー、ジョン・ヒューストン、ジーン・マクナマラ、ジェイク・モナハン、ポール・ポーニック、ヨナタン・シュライバーには、初期の頃の草稿についてのワークショップを主催してくれたことに対し、非常に感謝している。同様に、スコット・アルトハウス、リチャード・アーネソン、ネーラ・バドウァー、クリスティアン・バリー、ペーター・ベッケ、トレヴァー・バーラス、エリザベス・ブッシュ、サム・クラーク、アンドリュー・I・コーエン、アンドリュー・J・コーエン、ダニエル・コーエン、ロス・コルベット、アン・カッド、リチャード・ダガー、ウラジミロス・ダグカス－ツォウカラス、ブライアン・デイヴィス、クリストファー・フライマン、ジェフリー・フリードマン、マイケル・フユーアスタイン、ジェラルド・ガウス、ロバート・グッディン、ポール・ガウダー、ロバート・グレシス、リサ・ヒル、ジョン・ホルステッド、ピーター・ジャウォースキー、エレーン・ランデモア、ダニエル・レイマン、セス・ラザー、アンドリュー・リスター、ローレン・ロマスキー、アーロン・マルトレイス、スティーヴン・マロニー、サイモン・カブレラ・メイ、ピエール・モラロ、トム・マリガン、マイケル・マンガー、グイドー・ピンチョーネ、アーロン・パウエル、デニス・クィン、ヘンリー・リチャードソン、クリスティアン・ロストボール、ベン・サウンダース、ジェフリー・セイヤー＝マッコード、デイヴィッド・シュミッツ、カイル・スワン、フェルナンド・テソン、ジョン・トマーシー、ケヴィン・ヴァリアー、バス・ヴァン・デア・ヴォッセン、スティーヴン・ウォール、そしてマット・ズウォリンスキに感謝している。

最後に、本書をより良いものにしてくれた、二名の匿名の査読者に感謝したい。

アゲインスト・デモクラシー〔上巻〕

目次

【下巻】

凡例

一、本書は、Jason Brennan, *Against Democracy*, Princeton, NJ: Princeton University Press, 2017（paperback ed.）の全訳である。

二、（　）は原文の括弧である。

三、［　］は著者本人の補足である。

四、〔　〕は訳者による補足である。

五、原注については（　）を、訳注については［　］を用いている。

六、すでに翻訳があるものを引用する場合でも、新たに訳し直していることがある。

第一章　ホビットとフーリガン

アメリカの革命家で大統領だったジョン・アダムズは次のように述べた。「私の息子たちが数学や哲学を学ぶ自由を得られるように、私は政治と戦争を学ばなければならない。私の息子たちは、その子どもたちに絵画、詩作、音楽、建築、彫刻、タペストリー、陶芸を学ぶ権利を与えるために、数学、哲学、地理学、博物学、造船学、航海術、商業、農業を学ぶべきである」(1)。政治的動物というものがいるとすれば、間違いなくアダムズはそうであったが、彼は、将来世代がより洗練された生活様式へと進化することを望んだのである。

本書は、私たちがその望みを実現しようと試みるべき理由を説明するものである。

政治参加で人々は高潔になるか、堕落するか？：ミルVSシュンペーター

一九世紀の偉大な経済学者で道徳哲学者、ジョン・スチュアート・ミルは、それがどんな統治制度の形態であれ私たちは最善の結果を生み出すものを導入すべきだ、と論じた。ミルは私たちに帰結を

すべて検証するように助言した。つまり、君主制、寡頭制、貴族制、代議制立法府、あるいは他の統治形態のいずれを導入することが最善かを問うとき、私たちが焦点を当てるべきなのは、諸々の統治形態がどの程度リベラルな諸権利を尊重し経済成長を促進するかというような明白なことだけではない。私たちは、諸々の統治形態が市民の知的道徳的徳性にどのような影響を与えるかも検証すべきなのである。私たちを愚かで受動的なままにしておく統治形態もあるかもしれないが、私たちを聡明で活発にする統治形態もあるかもしれない。

ミルは、政治に関与することで人々がより賢くなり、共通善にさらなる配慮を払い、もっと教養を備え、いっそう高潔になることを期待した。工場労働者に政治について考えさせることは、海の外に世界があることを魚に発見させるようなことだと考えたのである。ミルは、政治参加によって私たちの精神が鍛錬される一方で心は柔軟になることを期待した。政治参加によって、私たちが目先の利害関心の向こうを見据え、長期的で広い視野を採り入れるようになることを彼は期待したのである。

ミルは科学的な思考の持ち主だった。彼が執筆していた当時、代議制だった国はごく少数だった。数少ないそれらの国々は選挙権を制限し、少数の非代表的なエリートにしか投票を認めていなかった。ミルの時代において、政治参加はもっぱら教育を受けた紳士のすることだったのである。ミルは彼の主張を裏付けるのに必要なエビデンスをそれほど持っていたわけではなかった。せいぜい理にかなっているがテストされていない仮説であった。

それは一五〇〇年以上も前の話であり、今やテストの結果は出揃っている。私が言いたいのは、その結果がおおむね否定的なものであるということである。ミルも同意してくれるだろう。最もありふれた政治参加の形態は、私たちを教育し高潔にすることに失敗するどころか、無能にするし堕落させる傾向にある。真実は、経済学者ヨーゼフ・シュンペーターの次のような不平により近い。「典型的な市民は、政治の現場に出るやいなや、知的パフォーマンスがより低レベルなものへと落ち込んでいく。彼は、自分が本当に関心を有する領域で行われたならば容易に幼稚だと認識できるような仕方で、議論や分析を行う。彼は再び未開の存在になるのだ(2)」。

もしミルの仮説が間違っていてシュンペーターが正しいとすれば、私たちはいくつかの難題を問わねばならない。私たちはどれほど本気で人々に政治参加して欲しいだろうか。どのくらい人々の政治参加が許されるべきだろうか。

デモクラシーの衰退の利点

デモクラシーと市民参加に関する多くの書物は、参加率が落ちていることに不満をこぼす。そうした書物は、一八〇〇年代末には選挙資格を有するアメリカ人のうち七〇―八〇パーセントが主要な選挙で投票していたことに言及する。そのうえで、いまや大統領選挙で私たちのうち六〇パーセント、中間選挙や州の選挙、地方の選挙では四〇パーセントしか集わないのだと不満をいう。これらの数字を引用したあとで、次のように怒って歯ぎしりする。アメリカのデモクラシーはかつてよりも包摂的であり、政治交渉のテーブルの席にはますます多くの人々が招待されている。しかし、それでも招待に応じる人々の数は減っている。市民たちは自己統治の責任を真剣に受け止めていない、こうそれらの書物は述べるのである。

私の応答は違う。政治参加の衰退は、よいスタートなのだが、私たちはまだ道半ばである。私たちが期待するべきは、参加がもっと減ることであって増えることではない。理想的なのは、平均的な個人の関心事のうち、政治の占める割合がほんの少しだけになることである。理想的なのは、大半の人々が、絵画、詩作、音楽、建築、彫刻、タペストリー、陶芸、あるいはフットボール、NASCAR〔自動車レース〕、トラクタープリング、セレブのゴシップ、ファミレスでの食事といった事柄に日々を費やすことである(3)。理想的なのは、大半の人々がまったく政治を気にかけないことなのである。

対照的に、一部の政治理論家たちは、政治が人々の人生のより多くの側面へと浸透してほしいと思っている。そうした理論家たちは政治についての熟議が増えることを望んでいる。政治によって私たちが高潔になると考えており、ちっぽけな個人に自身の境遇をコントロールする力を与える手段としてデモクラシーを捉えている。一部の「シヴィック・ヒューマニスト」はデモクラシーそれ自体を善き生、あるいは少なくともより高次の営みだと捉えているのである。

どちらの側がより真理に近いかは、部分的には、人間がどのような存在か、民主的参加がなにをもたらすのか、大衆の政治参加がどのような問題を解決しそうか――あるいは、〔問題を〕作り出しそうか――といった点に依存する。

デモクラシーにおける市民の三つの種族

私たちはもはや、政治が私たちになにをもたらすかについて、ミルのようにエビデンスを得られないまま思索する必要はない。政治において人々がどう考え、反応し、決定を下すかの研究に、心理学者、社会学者、経済学者、政治学者たちは六〇年以上費やしてきた。研究者たちは、人々がなにを知っているのか、なにを知らないのか、なにを信じているのか、どれほど強く信じているのか、そしてなにが人々の考えを変えるのかを探究してきた。人々がどれほど頑固なのか、いかにして、なぜ人々は手を組むのか、何が人々を活動や参加に向かわせるのかを調査してきたのである。続く各章で、私はそのような多数の研究を詳細にレビューするつもりである。ここでは、その結果を要約しておく。

政治的意見をどれだけ強く抱くかは人それぞれである。一部の人々は宗教的な熱心さで自らの意見に固執するが、自身の見解へのこだわりが弱い人々もいる。何年もずっと同じイデオロギーを維持する人々もいれば、あっという間に心変わりする人々もいる。

諸見解の一貫性も人によって異なる。一部の人は統一的で整合した一連の意見を持っている。他方で一貫しない矛盾した複数の信念を持っている人々もいる。

いくつ意見を持っているかという点でも異なる。あらゆることに意見を持っている人々もいれば、ほとんど意見を持っていない人々もいる。

そのうえ、自らの信念を支えるための知識やエビデンスをどれほど得ているかという点も人により異なる。関連する社会科学における強力な背景知識を有している人々もいれば、ニュースを視聴するだけの人々もいる。他方で、政治についてほとんど知らない人々もいる。そのような人々は意見を持ってはいるが、それを支えるエビデンスはというと、ほとんど、もしくはまったく持ち合わせていないのである。

見解を異にする人々に対してどう考え、どう対応するかという点でも異なる。政敵を悪魔のようにみなす人々もいれば、政敵はただ思い違いをしているだけだと考える人々もいる。政敵のうち少なくとも一部は理にかなっていると信じている人々もいれば、政敵は全員愚かだと思っている人々もいる。どれだけ、どのように政治に参加するかという点でも異なる。セレブのゴシップに執着する人々と同じような仕方で、政治に執着する人々がいる。投票し、ボランティアをし、キャンペーンを張り、寄付をする人々がいる。他方で、政治に参加したことも、する気もない人々がいる。そうした人々は、自分の政治的権利を国家が無効にできても、気がつかないか気にしないだろう。

以上の各論点において、市民たちをスペクトラム上に位置づけることができる。しかし、本書の目的からして問題を単純化することが許されるだろう。私たちの関心の対象となるデモクラシーのもとで暮らす市民には、大きく三つの類型が存在する。それらを私は、ホビット、フーリガン、ヴァルカンと名付けたい。

・ホビットは、たいてい政治に対して無関心で無知である。ほとんどの政治的イシューについて、強く確固とした意見がない。まったく意見を持っていないこともざらである。彼らの社会科学的な知識は、仮にあってもごくわずかなものにすぎない。昨今の出来事を知らないだけではなく、その出来事を理解し評価するために必要とされる社会科学の理論やデータを知らないのである。ホビットは、関わりのある世界史あるいは自国の歴史について、ぞんざいな知識しか持ち合わせていない。彼らが好むのは、政治について深く考えずに日々の生活を過ごすことである。アメリカでは、典型的な非投票者はホビットである。

・フーリガンは、政治というスポーツの狂気じみたファンである。強くほぼ固定された世界観を有する。自らの信念を支持する議論を提示することはできるが、別の見解を持った人々が満足するような仕方で他の観点を説明することはできない。フーリガンは政治的情報を消費するが、それはバイアスのかかった仕方でなされる。彼らは自らの既存の政治的意見を確証するような情報を探し出そうとする傾向にあるが、その既存の意見と対立するか整合しないエビデンスについては即座に無視、回避、排除する。彼らは社会科学にある程度の信頼を寄せているかもしれないが、データのつまみ食いをするし自らの見解を支持する研究だけを学習するという傾向がある。彼らは自分が知っていることや自分自身について自信過剰なのである。彼らの政治的意見は彼ら自身のアイデンティティの一部を形成し、彼らは自らの属する政治的チームの一員であることを誇りに思っている。彼らにとって、民主党あるいは共和党、労働党あるいは保守党、社会民主党あるいはキリスト教民主同盟に属していることの自己イメージにおける重みは、キリスト教徒であったりイスラム教徒であったりすることが敬虔な人々の自己イメージにおいて有する重みと同等なのである。フーリガンは、見解を異にする人々を軽蔑しがちで、別様な世界観を持つ人々は愚かで邪悪で利己的でよくて深刻な心得違いをしているのだと考えている。投票に行く人、活発に政治参加する人、活動家、政党員、政治家の大半は、フーリガンである。

・ヴァルカンは政治について科学的かつ合理的に思考する。彼らの意見は、社会科学と哲学に強く基礎づけられている。彼らは自覚的であり、エビデンスが許す限りでの確信を持つにすぎない。ヴァルカンは、自分と対立する見解を、その見解を抱いている人々からしても申し分ないと思えるような仕方で説明することができる。彼らは政治に関心があるが、同時に冷静である。その理由の一端は、彼らが能動的にバイアスや非合理性を回避しようと努めていることにある。彼らは、見解を異にする人々がみな愚かだとか、邪悪だとか、利己的だとは考えない。

以上の類型は理念型あるいは概念的原型である。これらの描写によく当てはまる人々もいれば、当てはまらない人々もいる。厳密な意味でヴァルカンとしてやっていけている人など誰もいない。全員に少なくとも多少のバイアスがかかっている。残念なことに、大勢がホビットやフーリガンの型にとてもよくあてはまるのである。大半のアメリカ人は、ホビットかフーリガン、もしくはその両者間のスペクトラム上のどこかに位置づけられる。

注意してほしいのだが、私は以上の類型を意見の過激さや穏健さという観点からは定義していない。フーリガンは定義上過激派というわけではないし、ヴァルカンならば定義上穏健だというのではない。おそらく一部のマルクス主義急進派やリバタリアン的アナキストはヴァルカンだが、大半の穏健派はホビットかフーリガンである。

より一般的にいうと、私はこれらの類型を人々の信奉するイデオロギーがどんなものかという観点からは定義しなかった。たとえば、リバタリアニズムに共感している人々のことを考えてみよう。そのうちの一部はホビットである。このホビットたちはリバタリアンに傾いている――リバタリアン的な結論に至りやすい――が、政治について考えないか大して気にかけておらず、大半はリバタリアンだと自己認識していない。多数の、ことによるとほとんどのリバタリアンがフーリガンである。彼らにとって、リバタリアンであることは自己イメージの主要部分をなす。彼らのフェイスブックのアバターは、黒と金のアナキストの旗で、他のリバタリアンとしかデートせず、異端のカルト経済学者マリー・ロスバードや小説家アイン・ランドを読むだけである。最後に、ヴァルカンのリバタリアンがほんの少しだけいる。

ミルは、市民を政治に参加させることが市民の啓蒙になるという仮説を立てた。彼の仮説を言明する一つの仕方は、代議政体における政治的熟議と参加によってホビットがヴァルカンへと変身することを彼は期待した、というものである。対照的にシュンペーターは、参加には人々を無能にする――つまりホビットをフーリガンにする傾向があると考えた。

以下の各章で、私は、政治的自由と参加が私たちにとって良いものであることを示そうとする幅広い議論を検証し批判する。私は、政治的自由と参加が私たちにとって概して有害であると主張する。私たちのほとんどはホビットかフーリガンであって、ほとんどのホビットは潜在的なフーリガンなのである。もし私たちが政治と関わらなければ、私たちは――そして他の人々も――もっとうまくやっていけるだろう。

デモクラシー至上主義に抗して

デモクラシーと広範な民主的参加の価値と正当化については、広く共有された一群の見解が存在する。その諸信念は、リベラル・デモクラシー体制のもとで暮らす多くの一般市民たちのあいだでも、私の研究仲間たち——分析的な政治哲学者と政治理論家——のあいだでもポピュラーなものである。経験的な研究に関心のある経済学者や政治科学者、あるいはより経験的なことを気にかける哲学者や理論家のあいだでは、それほどポピュラーではない。

デモクラシーと広範な政治参加が価値を備えうる仕方として、可能性があるものをすべて考えてみよう。

認識的／道具的：デモクラシーと広範な政治参加が良いのは、（少なくとも他の選択肢と比較して）それらが正義にかなった、効率的な、あるいは安定的な結果を導き出す傾向を有するからかもしれない。

卓越的：デモクラシーと広範な政治参加が良いのは、それらが市民を教育し、啓蒙し、高潔にする傾向を有するからかもしれない。

内在的：ひょっとすると、デモクラシーと広範な政治参加は目的それ自体として良いかもしれない。

私がデモクラシー至上主義と呼ぶものは、三種類の理由すべてから、デモクラシーと広範な政治参加が価値を備えており、正当化され、そして正義によって要請されるとする見解である。至上主義のスローガンは「デモクラシーに万歳三唱！」のようなものだろう。至上主義によると、デモクラシーは比類なく正義にかなった社会編成の形態である。人々は、政治的権力の平等な根本的分け前への基本的権利を有している。参加は私たちによってよい。というのも、それは私たちに力を与えてくれるし、私たちが欲しいものを得るうえで便利だし、私たちをよりよき人々にしてくれる傾向にあるからである。政治活動には、友愛と同輩感覚を生み出す傾向がある。

本書はこの至上主義を批判する。デモクラシーはそれが浴する三唱のうちの少なくとも二つには値しないし、最後の一つにも値しないかもしれない。私は次のように論じる。

・政治参加は大半の人々にとって価値あるものではない。逆に、政治参加は私たちの大半にとって役に立たないし、かえって私たちを無能にして堕落させる傾向にある。政治参加によって私たちは互いに憎悪し合う理由をもつ公の敵同士になってしまう。

・市民は選挙権あるいは被選挙権を基本的権利として有さない。政治的権力は、たとえ選挙権に含まれるようなわずかな量の権力であろうと、正当化される必要がある。選挙権は、言論、宗教、あるいは結社の自由のような、他の市民的諸自由と同様のものではない。

・ひょっとすると内在的に不正な統治形態はいくつか存在するかもしれないが、デモクラシーは比類なくあるいは内在的に正しい統治形態ではない。無制限で平等な普通選挙権——そこでは各市民が自動的に一票への資格を有する――は、多くの点で明らかに道徳的に異論の余地がある。問題は（後で詳しく論じるつもりだが）、普通選挙権が、無知で非合理な形で政治的意思決定をするインセンティヴを大半の投票者に与え、そしてこれらの無知で非合理な決定を無辜の人々に押し付けることにある。無制限の普通選挙権を正当化しうるかもしれない唯一の理由は、それよりまともに作動するシステムを私たちは生み出すことができない、というものだろう。

一般的には、目下のところ暮らしていくうえで最善の場所はリベラル・デモクラシーの国々であり、独裁制、一党支配体制、寡頭制、本物の君主制であるような国々ではない。しかし、このことは、デモクラシーが理想的なシステムであるどころか、最善の実現可能なシステムであることすら示してはいない。そして、デモクラシーが最善の実現可能なシステムだとわかった場合でも、私たちは参加を減らすことでデモクラシーを改善できるかもしれない。概して、私たちがこれまで試みてきた他の選択肢よりも、民主的な政府のほうがよく作動する傾向にある。しかし、ひょっとすると、これまで試みていないシステムのうちのいくつかはもっと良いものかもしれない。本書で私は、より良い選択肢が確かに存在するとあなたを納得させようと試みるつもりはない。しかしながら、条件付きの主張を支持する議論はしようと思う。それは、もしよりよく機能する別の選択肢の存在が判明したならば、そのとき私たちはそちらを選択するべきである、という主張である。一部の読者にとって、これは弱い主張のように聞こえるかもしれない。それでも、デモクラシー理論の現在の勢力図のもとでは、この主張によって私の立場はラディカルなものになる。この主張を大半の一般読者と現代の政治哲学者たちは否定する〔からである〕。彼らは、非民主的な選択肢のほうがよりよく作動すると判明してもなお、デモクラシーを手放すべきではないと信じているのである。

政治的諸自由は他の諸自由と同じようなものではない

北米や西欧の大半の人々は、どの政党に投票する傾向にあるかという違いはあれども、一種の哲学的リベラリズムを信奉している。哲学的リベラリズムとは、各個人は正義に基礎づけられた尊厳を持っており、それが広範な諸権利と諸自由――より大きな社会的な善によって凌駕されたり覆されたりすることが容易にはありえないような諸権利と諸自由――を各個人に付与しているという見解である。こうした権利はトランプの切り札のようなものである。そうすることが他者にとって良い帰結を生み出しそうなときですら、権利は他者が私たちを利用し、干渉し、害することを禁じる。現代のアメリカの言説では、私たちはしばしばリベ、ラ、ル、という言葉を中道左派の人々を意味するものとして使うが、政治哲学においては、その言葉は自由こそが根本的な政治的価値だと考える人々を指している。

リベラルたちは通常――ミルに追従して、自分を害するだけであるならば、その限りで人々が悪しき選択をすることは許容されるべきだと考える。この点を説明するために、分別のないイジー――独身で子どものいない二十代男性――を想像しよう。イジーは過食でちっとも運動せず浪費癖がある。たとえイジーの決定がどれだけ描くても、それは彼自身のほかに誰かを害するものではない。彼には自分に合っていると思う生活を送ってもらおう。彼の選択は悪しきものだが、彼が悪しき選択をすることを止める権利は、私たちにはないのである。

多くの人々は、心臓発作に至るまで食べつづける権利がイジーにあるように、経済危機に至るまで自治をする権利がデモクラシーにもあると考える。デモクラシーが、悪しき、分別のない、非合理的な決定をするのは、それはまさにイジーが悪しき、分別のない、非合理的な決定をするのと同じなのだ、と。

この類推は失敗している。選挙民は個人と同じではない。それは、別々の目標や行動、知的資質を備えた諸個人からなる集合体なのである。それは全個人が同じ政策群を支持するような統一体ではない。それどころか、一部の人々は他者に自らの意思決定を押しつけている。もし大半の投票者が愚かにふるまったら、その投票者たちは自身に損害を与えるだけではすまない。より知識を有するより合理的な投票者、少数派の投票者、投票を棄権した市民、将来世代、子どもたち、移民、そして、自身は投票できないがデモクラシーの意思決定の被治下にある外国人や、決定から危害を被る外国人に、損害を与えることとなる。政治的意思決定とは、自分のための選択などではなく、全員のための選択なのである。もし多数派がきまぐれな意思決定をしたら、他の人々がリスクを被らなければならない。

このように、政治的意思決定は、民主的であろうがなかろうが、自分自身のためにする意思決定よりも高度な正当化の負担を抱える。基本的なリベラルな諸権利を正当化するうえで、私たちは、なぜ諸個人が自分自身に危害を加えることは許容されるべきかを説明しなければならない。〔実は〕これは大変な課題であり、たとえその選択が誰かを害するものではなくても、諸個人が悪しき選択をすることを阻止する自由が私たちにはあるはずだと、今日においても一部の哲学者は信じている。(4) デモクラシーを正当化するためにはさらなる作業が必要になる。私たちは、なぜ悪しき決定を他者に押しつける権利が一部の人々に備わるのかを説明しなければならない。特に、後ろの数章で示そうと思うのだが、デモクラシーを正当化するうえで、なぜ無能な仕方でなされた意思決定を無辜の人々に課すことが正統であるのかを説明する必要があるのである。

私は、本書での私の政治的諸自由という術語の使用を、選挙権と、政治的権力の備わる役職や地位への立候補・在職権のみを含める形で限定しておく。一部の人々はこの言葉を、政治的言論や集会、政党結成の権利を含めるような、もっと広い形で使おうとする。ここでは、私はこれらの権利を、言論の自由や結社の自由の一例として市民的諸自由に分類しておく。たとえば、政治参加にかんする本書を執筆する私の権利は、政治的自由よりむしろ市民的自由に分類される。

私の意図は意味の規定にあるのであって、概念分析にはない。ここでは、どんなラベルを使うかによって実質的な事柄は何も変わらない。選挙権と被選挙権に関心を払う理由は、これらの権利が――市民的ないし経済的諸自由と私が呼ぶものとは違って、第一義的には他者に対する権力を行使する権利あるいは獲得しようと試みる権利だからである。私たちの自由な言論の権利が私たちに与えるものはふつう私たち自身に対する権力のみであるが、選挙権は概して私たち――個々人としてのでなければ集合体としての私たちに、他者に対する重大な権力を与えるのである。(5)

デモクラシーをいかに価値づけるか：道具主義VS手続き主義

ハンマーを価値あるものにするのはなにかを問うとき、私たちはふつう、ありのままの私たち自身にとってハンマーが便利かどうかを尋ねている。ハンマーには釘を打つという目的があり、良いハンマーはその目的にかなうものである。ハンマーは第一義的には道具的価値を有する。

絵画を価値あるものにするのはなにかを問うとき、私たちは一般的にその象徴的価値を見ている。私たちは、その絵画が荘厳かどうか、それがさまざまな感情や観念を呼び起こすかどうかを尋ねている。私たちは、いかに描かれたかや誰が描いたかを理由にして、一部の絵画をより高く価値づけたりもする。

人間を価値あるものにするのはなにかを問うとき、私たちはしばしば人間は目的それ自体であると述べる。確かに、人々は道具的価値もまた備えうる――あなたにコーヒーを淹れてくれる人は目的に資する――が、内在的価値もまた備えているのである。人々が備えているのは尊厳であって、値段ではない。

デモクラシーはどうだろうか。ほとんどの政治哲学者は、デモクラシーが道具的価値を備えているという点では一致している。デモクラシーはとてもよく機能し、相対的にいって正しい結果を生み出す傾向にある。だから彼らの考えによると、少なくともハンマーに価値があるのと同じ仕方で、デモクラシーには価値がある。

しかしながら、ほとんどの哲学者は、私たちが絵画あるいは人格を価値づける仕方でデモクラシーを価値づけるべきだとも考えている。彼らは、デモクラシーがすべての人に平等な価値が備わるという観念を比類なく表現すると主張する。彼らは、民主的な結果が正当化されるのは誰がいかに決定をなしたかという理由からであると主張し、デモクラシーを目的それ自体としてうけとめている。一部の哲学者は、デモクラシーは本来的に正しい意思決定手続きだと考えている。デモクラシーがやると決めたことはなんであれ、デモクラシーがやると決めたという理由からだけで正当化されると考えるところにまで至っている哲学者もいる。デモクラシーがやることを判定する、なんらかの手続き独立の基準があることを否定しているのである。

対照的に、私は、デモクラシーの価値は純粋に道具的なものだと論じるつもりである。他の政治システムよりもデモクラシーを支持すべき唯一の理由は、それが手続き独立の正義の基準に従って正しい結果を生み出す点でより効果的だ、という点にある。デモクラシーはハンマー以上のなにかではない。もしより良いハンマーを見つけられるなら、私たちはそれを使うべきである。本書の後ろのほうで、デモクラシーよりも良いハンマーを組み立てることができるかもしれない、いくつかのエビデンスを出そうと思う（とはいえ、組み立ててみないと確かなことはわからないのだが）。

政治にまつわる一つの基本的な問いは、権力を保持すべきなのは誰かというものである。君主制、貴族制、デモクラシー、他の体制を互いに分けるものは、まずもって、いかに権力を分配するかという点にある。君主制は根本的な政治的権力を一個人の掌中に委ねるが、デモクラシーはすべての市民に政治的権力の基本的な分け前を平等に与える。

しかし、誰が権力を握るべきかという問いにいくつかの競合する答えがあるように、誰が権力を握るべきかという問いに答えるために使用するべき基準についても、いくつかの見解が競合している。二つの基本的な見解として、手続き主義と道具主義がある。手続き主義は、権力を分配するいくつかの方法が、内在的に正しいか不正である、あるいはそれ自体良いか悪い、と考える。道具主義は、正しい目的がどんなものであれ、手続きから独立した統治上の正しい目的に資する傾向を備える仕方で権力を分配するべきだと主張する。

手続き主義は、なんらかの（あるいはいくつかの）権力の分配ないし意思決定方法が、内在的に良いか正しいか、もしくは正統である、というテーゼである。あるいは、手続き主義者はいくつかの意思決定のための諸制度は内在的に不正であると論じるかもしれない。たとえば、トマス・クリスティアーノやデイヴィッド・エストランドという哲学者たちは両者とも手続き主義者である。クリスティアーノはデモクラシーが内在的に正しいと考える。[6] エストランドは、デモクラシーが内在的に正しいとは論じないが、君主制や神権政治のような一定の体制は内在的に不正だと考えている。[7]

手続き主義の最もラディカルなタイプ、純粋手続き主義は、意思決定制度の結果を評価するための独立した道徳的基準は存在しないと考える。したがって、たとえば、政治理論家ユルゲン・ハーバーマスは、特定の高度に理想化された熟議プロセスを経て意思決定をするかぎりにおいて、私たちのどんな意思決定も正しいと断言する。また、政治理論家イニゴ・ゴンザレス＝リコイは、（私を批判する論文の中で）次のように述べる。「民主的な社会では、有害な、不正な、あるいは道徳的に正当化されない選挙権の行使とはなにかを決めるために参照することができる手続き独立の道徳的基準など存在しない。というのも、投票という装置は、なにが有害で、不正で、道徳的に正当化されないものかについて市民たちのあいだで意見が合わない、まさにその時にのみ要請されるからである」[8]。

ゴンザレス＝リコイのしようとしている主張がどれほど強いものかに注意してほしい。なにを有害あるいは不正とみなすかについて人々は意見を違える。したがって、デモクラシーが行うことを判定するうえで、私たちは独立した正義の基準をなんら参照しえないと彼は結論づける。なんらかの客観的な、人々の意見から独立した道徳的真理は存在するのだが、このような真理は私たちが政治的意思決定をどうやって行うかにのみ関係するのであってなにを決めるかにではない、こう純粋手続き主義者は信じているのである。

純粋手続き主義は極めて怪しい含意を有している。たとえば、市民が子どもをレイプすることを許容するべきかについての論争があるとしよう。理想化された熟議手続きの後で、気に入った子どもを大人がレイプすることを許容すると多数派が投票したとしよう。多数派はさらに、レイプを誰も止めない状況を警察に保証させるというような内容に投票をした〔としよう〕。デモクラシーについて純粋手続き主義を採る者は、このような場合、なんと子どもがレイプされることは許容されると言わねばならない。こういった理由から私は純粋手続き主義はばかげていると考えるので、本書で詳しく考察するつもりはない。他の政治哲学者たちがすでに純粋手続き主義を支持する最善の議論に対して継続的に批判を行っているし、私が思うに、その批判は破壊的かつ決定的なものである[9]。

しかし、純粋手続き主義が間違っているとしても、部分的手続き主義はそうではないかもしれない。本書では後で、手続き主義と道具主義を混ぜ合わせたデモクラシーの擁護論を検討するつもりである。

手続き主義とは対照的に、権力の分配についての道具主義とは、少なくとも一部の政治的な問題には手続きから独立した正しい答えがあり、ある権力の分配あるいは意思決定方法を正当化するのは、少なくとも部分的には、その分配やその意思決定方法が正しい答えを選ぶ傾向を備えることである、というテーゼである。たとえば、一人の法律家が州を代理しもう一人が被告を代理するという対審構造が刑法には存在する。被告人が有罪かどうかについては独立した真理があり、その真理は陪審員の決定によっては決まらない。そうではなく、なにが真理であるかを陪審員が発見することになっている。陪審制と対審構造を擁護する人は、このシステムが全体として他に比べて真理を追跡することに役立っていると信じているのである。

道具主義の最もラディカルな形が純粋道具主義である。純粋道具主義の考えでは、内在的に正しかったり不正であったりするような政治的権力の分配方法はない。かわりに、純粋道具主義によるならば、統治の正しい目的や、政府が施行するべき政策、あるいは統治がもたらすべき結果については手続きから独立した真理がある。どんな統治形態であれ——あるいはまったくの無政府であっても、この独立した真理を追跡するうえで最も信頼できるものを私たちは使うべきなのである。

それゆえ、純粋道具主義者は、もしデモクラシーが最もよく真理を追跡するならば——つまりもし他の選択肢よりも民主的な意思決定が良い意思決定に至りそうならば、私たちはデモクラシーを使うべきなのだ、と言うだろう。そのかわりに、他により良い選択肢があるなら、それを使うべきなのである。ベティおばさんを女王にすることで最も正義が実現されるなら、純粋道具主義者はそうしろと言うだろう。二四歳から三七歳の間の黒人女性だけに公職立候補を許容することが最も正義を実現するなら、そうしよう。〔アーサー王伝説のように〕剣を授けることで王を選択する湖の面妖な女性にまかせることが最もよく正義を生み出すなら、そうすればいい。壁に書かれたいくつかの政策にむかってダーツを投げることが最もよく機能するならそうする、といったところである。

部分的に手続き主義で部分的に道具主義という、混合的な見解を支持することも考えられる。たとえばエストランドは、君主制などのようなデモクラシーに対する代替案の一部を、それらが内在的に不正であるという理由で完全に手続き的根拠に基づいて排除している。しかし、彼は体制を選択する上で手続き的考慮だけでは不十分だと信じている。手続き的考慮は、無政府、抽選による意思決定、デモクラシーといった、いくつかの許容可能な選択肢を私たちの手元に残してしまう。彼の考えでは、私たちが他の二つではなくデモクラシーを使うべきなのは、正義が何を要請するかについての真理に至る可能性がより高いからである(10)。エストランドにおいては、手続き主義的考慮がいくつかの敗者を排除し、その上で道具主義的考慮が残りの出場者から勝者を選び出すのである。

私がデモクラシーはハンマーだと言うとき、デモクラシーとは目的に対する手段であってそれ自体で目的なのではないという意味を込めている。私は、デモクラシーが内在的に正しいわけではないと論じるつもりである。デモクラシーは手続き主義的根拠からは正当化されない。デモクラシーになんらかの価値があるとすれば、それは純粋に道具的なものである(11)（私はなんらかの形態の統治が内在的に不正であるかどうかについては不可知論のままでいる。このことは私のここでの議論にとっては重要ではないので、なにか立場を決めることはない）。

デモクラシーとエピストクラシー、どちらがより良いハンマーか？

政治的知識を測定しようとするほぼすべての試みで、現代のデモクラシーにおける市民の政治的知識の平均値、最頻値、中央値の各水準が低いことは、十分すぎるほどの経験的研究によって示されてきた。どれほど低いかは第二章で論じるつもりである（第三章と第七章でも少し扱う）。

何千年も前にプラトンは、デモクラシーにおける選挙民があまりに愚かで、非合理的で、そして無知であるために、その統治はうまくいかないのではないかと懸念した。彼は、高貴で賢明な哲人王による支配が最善の統治形態だと主張したらしい（研究者たちのあいだではプラトンが本気だったかについては議論がある）。現代の政治哲学者たちは、プラトンをエピストクラシー支持者に分類するだろう[12]。エピストクラシーとは、知者の支配を意味する。もっと正確に言うと、有能さ、技能、およびその技能に基づいて行為することの誠実さに応じて政治的権力がフォーマルに分配されるかぎりで、政治体制はエピストクラティックである。

アリストテレスはプラトンに対して、哲人王の支配が最善であろうとも、私たちは哲人王を戴くことはないと応じた。プラトンとは違い、現実の人々は哲人王の役割を果たすに十分なほど賢くも善良でもないし、そのような賢さや善良さを備えるように人々を確実に訓練することもできないと考えたのである。

アリストテレスは正しい。誰かを哲人王に育てあげる試みに見込みなどない。現実世界では、誰であろうと一人だけで統治をこなすなど難しすぎる。なお悪いことに、現実世界である公職に哲人王が有するような裁量権を備えさせたら、好ましくない人々を招き寄せるだろう――自分自身の目的のために権力を濫用するような人々を。

しかし、エピストクラシーを支持する議論は哲人王や守護者階級といったものへの希望に依存するわけではない。ほかにもエピストクラシーの可能な形態は数多く存在する。

制限選挙制：市民たちが選挙権と被選挙権を法律上得られるのは、市民たちが有能であることおよび/または十分豊富な知識を有していると（なんらかの手続きを経て）見なせる場合にだけである。このシステムは、近代のデモクラシーに類似した代表制の政府と制度を備えるが、全員に投票の権力を授けない。とはいえ、デモクラシーほどではないにせよ選挙権は市民に広まっている。

複数投票制：デモクラシーにおけるのと同様に、すべての市民が選挙権を持っている。しかし、（なんらかの法的手続きを経て）より有能であるかより豊富な知識を持っているとみなされる一部の市民は、追加の選挙権を持っている。たとえばミルは複数投票制を支持した。先ほど論じたように、政治に全員を関与させることで全員が高潔になるだろう、とミルは考えた。しかし、あまりに多くの市民が無能で不十分な教育しか受けておらず、投票で賢い選択をできないのではないかと彼は心配した。そこで彼が提唱したのが、より良い教育を受けた人々により多くの票を与えることだった。

参政権くじ引き制：選挙サイクルは普通に進むものの、デフォルトでは市民は誰も選挙権を持っていない。選挙の直前に、何千人かの市民がランダムの抽選を経て予備投票者に選ばれる。だが市民仲間たちとの熟議フォーラムのような一定の能力養成実習に参加する場合にだけ、予備投票者は選挙権を得ることができる(13)。

エピストクラティックな拒否権：法律はすべて、民主的な機関を経由し民主的な手続きを通して採択されなければならない。ただし、成員資格が制限されたエピストクラティックな機関が、民主的な機関に採択されるルールに対し拒否権を保持している。

加重投票／疑似神託による統治：すべての市民が投票できるが、同時に基本的な政治的知識に関するクイズを受けなければならない。人種、所得、性別、および／または他の人口構成上の要因の影響を統計的に統制しながら、市民たちの票は各自の客観的な政治的知識に基づいて重みづけられる。

近年、プラトンが復活を果たした。政治哲学において、デモクラシーの王座に対する主要な挑戦者としてエピストクラシーの再興が起きたのである。エピストクラシーを奉ずる政治哲学者はほとんどいない。大半がデモクラシー支持者のままである。しかし、政治哲学者たちは、デモクラシーを適切に擁護するためには、すべてを考慮に入れたときにエピストクラシーよりもデモクラシーのほうが優れていると示さなければならないことを認めている[1]。そして、それは簡単に示せるものではないことも認められている。

本書で私は、デモクラシーとエピストクラシーの間の選択は道具的なものであると主張する。究極的には、その選択は現実世界でよりよく作動するのはどちらのシステムかという点に帰着する。私は、エピストクラシーがデモクラシーよりも優れた性能を発揮するであろうと信じるべきいくつかの理由を明らかにする。もっとも、私たちはデモクラシーよりもエピストクラシーを明確に支持するに十分なエビデンスをまだ持っていない。最も有望な形態のエピストクラシーはこれまで試みられてこなかったので、ここでは推測にとどまらざるをえないのである。ここでの私のゴールは、デモクラシーよりもエピストクラシーのほうが優れているという強い主張を支持する議論をすることではない。そのかわりに、もっと弱い主張を支持するつもりである。その一つに、どんな弱点が現実で備わるとしても、なんらかのエピストクラシーの形態がデモクラシーよりもよく作動することが判明したならば、私たちはデモクラシーではなくエピストクラシーを実施するべきだ、というものがある。いくつかの実現可能なエピストクラシーの形態が実際にデモクラシーを上回ると推定する良い根拠もある。最終的に、もしデモクラシーとエピストクラシーが等しくよく作動するようなら、どちらのシステムも正当に具体化させることが許されるだろう。

エピストクラシー支持者は権威主義者だという印象を多くの人々に与える。エピストクラシー支持者の考えとは、よりよく知っているということだけを理由に賢い人々には他者を支配する権利が与えられるべきだ、というものだと思われている。この点について、エストランドは、エピストクラシーの擁護が真理、知識、権威についての三つの教義におおむね依拠していると主張する。

真理教義：（少なくともいくつかの）政治の問題には正しい答えが存在する。
知識教義：他の人々よりも一部の市民のほうが、そのような真理をよりよく知っているか、あるいは真理を究明する上でより信頼できる。
権威教義：一部の市民がより多くの知識あるいは信頼性を備えているとき、このことは、より乏しい知識しかない人々に対する政治的権威を、その市民たちに授けることの正当化になる。(14)

エストランドは真理教義と知識教義は受け容れるが、権威教義は退けるべきだと論じる。権威教義は彼が呼ぶところの「専門家／ボスの誤謬」に陥っている。ある人が専門家であることはその人が他者に対する権力を握る十分な理由になる、と考える人は専門家／ボスの誤謬に陥っているとされる。しかしエストランドによると、優れた知識を保有していることは、他者よりも大きな権力はもちろん、どんな権力であれその保有を正当化するのに十分ではない。私たちはいつでも専門家に対して次のように言える。「あなたはいろいろ知っていらっしゃるかもしれませんけど、だれがあなたをボスにしましたっけ」と。たとえば、栄養士をしている私の義理の姉のほうが、私よりも私が食べるべきものを知っている。だが、このことから、彼女の処方するダイエットに従うことを彼女が私に強要できるべきだ、ということにはならない。エクササイズのセレブリティ、ショーンTは私よりも腹筋を割る方法を知っているが、それは彼が私にバーピー〔エクササイズ〕をするよう強制できることを意味しない。

権威教義が間違っていることについては、私はエストランドに同意する。しかし、第六章で論じるつもりだが、エピストクラシーを支持する議論は権威教義には依拠していないのである。〔むしろ〕それは反権威教義に近いなにかに基づいている。

> 反権威教義：一部の市民が道徳的に理にかなっていなかったり、無知であったり、あるいは政治について無能なとき、このことは、他者に対する政治的権威の行使をその市民たちに許容しないことを正当化する。その市民たちの無能さから無辜の人々を守るために、その市民たちが権力を持つことを禁じること、あるいは持てる権力を小さくすることが正当化される。

エピストクラシー支持者に権威教義を背負わせることで、エストランドは、意図せずにエピストクラシーを支持する議論を実態よりも困難であるかのように仕立て上げている。エピストクラシー支持者は、専門家がボスであるべきだと主張する必要はない。エピストクラシー支持者が示す必要があるのは、無能ないし理にかなっていない人々が他者にボスとして押しつけられるべきではないということだけである。一定の場合において民主的な意思決定は無能になる傾向があるので権威あるいは正統性を欠いている、ということを主張するだけでよいのである。この議論は、政治的権力を正当化するなにかがあるとして、それがなにかという問いについては開かれたままにしているのである。

政治的不平等の恣意的な根拠VS非恣意的な根拠

多くの人々は、全員が政治的権力の平等な分け前を有するべきであるということを、疑う余地のない交渉不可能な公理かのように受け止める。不平等な政治的権力は不正義の標識である、と。

これは一理ある。文明社会の歴史のほとんどにおいて、道徳的に恣意的な理由、厭わしい理由、あるいは邪悪な理由を基礎に、政治的権力は不平等に分配されてきた。私たちは進歩してきたし、私たちの過去の過ちがなんだったかに気がついてきた。誰かが白人、プロテスタント、あるいは男性であるということだけを理由に、その人に権力を授けるべきではない。誰かが黒人、カトリック、アイルランド人、ユダヤ人である、あるいは女性である、家を持っていない、両親が街路清掃人であるといったことだけを理由に、その人の政治的権力の保持を禁じるべきではない。征服者のひ孫であるということだけを理由に、人は支配する権利を持ったりしない。過去、政治的権力の不平等はほとんど常に不正であった。デモクラシーを目指す過去の運動は、たいてい正しい方向への前進であった。

とはいえ、たとえ過去の政治的不平等が不正だったとしても、政治的不平等が本来的に不正であることにはならない。たとえ過去に悪しき理由によって政治的権力を持つことから人々が排除されていたとしても、権力を持つことから一部の人々を排除する、もしくはその人々の権力の分け前を他の人々よりも小さくする良い理由があるかもしれない。

比較しよう。私たちは、ある市民が無神論者、ゲイ、あるいは不可触民であることを理由にして、その市民の運転を禁止すべきではない。しかし、そのことは、運転への法的権利にかかるすべての制限が不正であることを意味しない。一部の人々の運転を禁止する正当な理由はありうる。たとえば、その人々は運転すると他の人々に過大なリスクを負わせるような無能な運転手である、といった理由である。

政治的権利の場合も事情は同じかもしれない。ある市民を黒人だから、女性だから、あるいは土地を持っていないからといった悪しき理由で、権力の保有から排除してきた国々があった。これは不正であったのだが、それでも一部の市民の政治的権力を制限するか削減する良い根拠がある可能性は残っている[15]。ひょっとすると市民の一部は、参加すると他の市民に過大なリスクを負わせる無能な参加者かもしれない。あるいは、私たちの一部は、そのような無能さから保護される権利を持っているかもしれない。

「アゲインスト・ポリティクス」は必ずしもより小さい政府を意味しない

ある時点で、私は本書のタイトルを『アゲインスト・ポリティクス』にしようと考えていた。とくに私の他の仕事と並べてみると、このタイトルは誤解を招きうるものであった。私は次のことを論じるつもりである。第一に、政治参加によって、私たちの知的、道徳的特性は改善するよりもむしろ堕落する傾向にある。第二に、政治参加や政治的諸自由には道具的、内在的価値がたいしてあるわけではない。第三に、もしデモクラシーをなんらかのエピストクラシーの形態に取り替えれば、おそらく私たちはもっと実質的に正しい政治的結果を生み出すだろう。

だが、そう論じることで、私は、政府の射程を――つまり政治の監視や規制のもとに置かれる争点の数や範囲を――縮小するべきだと主張するつもりはない。法理論家のイリヤ・ソミンのように、一部の最近の論者は、政治的無知によって引き起こされる諸危害を制限する最善の方途はもっと政府を小さくすることだと主張している。(16) 彼が正しいかもしれないし、間違っているかもしれないが、私はこの問いについてはここでは答えを出さないでおきたい。

私は、大半の人々は政治を不得手とするし、私たちのほとんどにとって政治は悪しきものだと思っているが、それゆえに政府がやることを少なく（あるいは多く）するべきだなどと論じるつもりはない。そうではなくて、もし諸事実に間違いがなければ、私たちのうち政治参加が許されるべき人の数はもっと少ない、こう論じるつもりである。もしあなたが社会民主主義者なら、私はあなたに社会エピストクラットになることを考えるように持ちかけている。あなたが民主社会主義者なら、エピストクラット社会主義者になるよう考えることを提案している。もしあなたが保守的な共和主義者なら、保守的なエピストクラシー支持者になったらどうかと言っている。もしあなたがリバタリアンのアナルコ・キャピタリストあるいは左派サンディカリズム・アナキストなら、現状のデモクラシーに対するひとつのありうる改革案としてエピストクラシーを考えてはどうかと提案しているというわけである。たとえアナキズムがより良いものかもしれなくても。

哲学者たちは「理想」的な政治理論と「非理想」的な政治理論を区別することを好む。大まかにいって、理想理論は、全員が完全な道徳的徳性と完全な正義感覚を備える道徳的に完璧な存在だとしたら、どのような制度が最善かを探求するものである。非理想理論は、人々の実際のありようを所与として――特に、人々の徳の程度が、ある程度人々がそのもとで生活するところの制度の関数であることを所与として、どのような制度が最善かを探求する。本書は、非理想理論の書である。私は、完全に正しい社会がどのようなものであるかを究明しようとはしない。むしろ私が問うていることは、正義への弱いコミットメントしか備えず、道徳的な欠点や悪徳をもつ現実の人々を所与としたときに、政治参加と政治的権力をいかに考えるべきかである。

本書の概要

第二章「無知で、非合理で、誤った知識を有するナショナリスト」では、投票行動の文献を概観する。デモクラシーにおける市民や投票者のほとんどは、言ってしまえば無知で、非合理的で、誤った知識を持つナショナリストである。いかに政治的知識の中位値、平均値、最頻値の各水準が低いか、いかに投票者が基本的な経済学や政治学の多数の重要な争点について体系的な間違いを犯しているか、そしていかに投票者が非合理的でバイアスを有しがちかを説明する。大半の市民がホビットであり、残りはほとんどフーリガンであるエビデンスを提示する。

第三章「政治参加は堕落をもたらす」では、政治参加によって私たちはよき存在になるのではなく、悪しき存在になる傾向があることを論じる。デモクラシー支持者の大多数は、熟議デモクラシー――市民たちが組織化された仕方で政治について頻繁に熟議をする政治システム――が私たちの病をほとんど癒してくれると考えている。それとは反対に、私の主張は、熟議によって私たちが愚かになり堕落するということをエビデンスが示しているというものである。それによって私たちは悪くはなれど、よくはならない。さらに、経験的エビデンスは人々が気づいているよりも〔デモクラシー支持者にとって〕はるかに不利であると論じる。そのようなエビデンスへの応答において、熟議デモクラシー支持者の多くは、エビデンスは市民が正しく熟議し損なっていることを示しているにすぎない、と不満を述べるものである。しかし、この応答では愚劣化や堕落を招いているという苦情からデモクラシーを擁護することにはならないと示すつもりである。

第四章「政治はあなたにも私にも力を与えない」では、政治参加や選挙権はなんらかの形で私たちに力を与えてくれるから私たちにとって良い（あるいは正義の問題として要請されるのだ）、ということを示そうとする一連の議論を攻撃する。むしろ私の見解では、このような議論に正しいものはない。デモクラシーが力を与えるのは集合体であって、各個人ではない。一つの議論――ジョン・ロールズに追従する政治哲学者のあいだで人気なのだが――は、私たちに平等な投票権や公職への権利が付与されるべきなのは、正義感覚とともに善き生の構想を発展させる私たちの能力を実現するうえでそれらの権利が私たちに必要だからである、というものだ。私はロールズ主義者たちが求める役割をこの推論が果たしていないことを示す。

第五章「政治はポエムではない」では、デモクラシー、平等な投票権、そして参加が良いものでありかつ正しいのは、それらが表出ないし象徴するもののためであるとする議論を批判する。そうした主張によると、参加には表出的価値がある、人々に平等な選挙権を付与することは人々に対する適切な尊重を表出するために必要である、あるいはデモクラシーは人々が適切な自尊を有するうえで必要であるという。私はこのような類の象徴的議論と尊重基底的な議論は失敗していると主張する。概して、そのような議論は民主的な権利が私たちにとってなにかリアルな価値を有していることを示せていない。エピストクラシーよりもデモクラシーを選択すべき良い理由はなんら提示されていない。

第五章の終わりまでで、私はエピストクラシーよりもデモクラシーを選ぶ良い手続き主義的な根拠がないことを立証し終えていると思う。もちろん、手続き主義的な根拠からデモクラシーを擁護する本や論文は大量にあり、その各々に対しては応答していない。そのかわりに私は、いくつかの最も重要な手続き主義的な議論の論駁を試みている。

第六章「有能な政府への権利」では、有能性原理と呼ぶものを擁護する。この原理は、重大な政治的意思決定が、無能ないしは不誠実に、あるいは概して無能な意思決定主体によって下された場合、その意思決定は不正で正統性がなく、権威を欠落させていると推定されると述べる。第二章と第三章で検討した経験的エビデンスと照らし合わせると、デモクラシーは選挙期間中に有能性原理を体系的に侵害しているということがわかる。もっとも、選挙の後ではそれほど頻繁にその原理を侵害しないかもしれないが（民主的政府のメンバーとなる人々の全員がそうではないにしても、選挙民は無能な仕方でふるまうのだ）。そうだとすると、私たちはデモクラシーよりもエピストクラシーを支持する推定的な根拠を手にすることになる、こう私は論じるつもりである。

第七章「デモクラシーは有能であるのか？」では、デモクラシー支持者からのありえそうな応答をいくつか検討する。いろいろな数学的定理をもとにして、何人かのデモクラシーの理論家は、多数ないしは大半の投票者が無知であるにもかかわらず、デモクラシーにおける選挙民が集合体としては有能な意思決定をする傾向にあると考えている。私は、デモクラシーの擁護として成功している数学的定理はないと主張する。その理由の一端は、定理は実際のデモクラシーにはあてはまらないという点にある。

経験的な仕方で思考をする他のデモクラシー理論家がなお主張するところでは、デモクラシーがすることは、ただ単に選挙民が求めたり投票することの関数ではない——そしてそれに私も同意する。いろいろな理由から、選挙民が体系的に無能であるにもかかわらず、民主的な政府はいろいろな問題に対してそれなりに有能な意思決定を行う傾向にある。選挙民の思い通りになることを妨げる「媒介要因」はたくさんある。

この点への応答として、有能性原理が個々の重大な政治的決定すべてに適用されることを説明する。たとえ選挙の後で政府の代理人たちがしばしば有能に行為するにしても、選挙民がほとんどの選挙で無能なふるまいをするということはありうる。そうだとすると、私の考えでは、私たちはジレンマに陥っている。選挙はやはり重大であるか、そうではないかである。前者の場合、有能性原理に従うと私たちは推定上デモクラシーよりもエピストクラシーを選ぶべきである。後者の場合、有能性原理それ自体はエピストクラシーとデモクラシーの間で無差別である。しかし、デモクラシーを支持する手続き主義の議論によいものがないとすると、どんなものであれよりよく作動するシステムのほうを選ぶべきである。

第八章「知者の支配」では、エピストクラシーを具体化しうる多様な方法を概観する。エピストクラシーの様々な形態が有するいくつかの潜在的な便益とリスクを論じ、いくつかの残りの反論に応答するつもりである。

第九章「公の敵同士」は短いあとがきである。政治について遺憾なことは、政治によって私たちがお互いに敵同士になってしまうことだと結論する。問題は、私たちがバイアスをもったり部族主義的になったりすること、つまり自分と見解を違える人々を、ただ単に自分と見解を違えるというだけの理由で憎悪する傾向にあるということだけではない。むしろ問題は、第一に、政治によって私たちが本当に対立的な関係に陥ってしまうことであり、第二に、私たちの市民仲間たちの大半は無能な仕方で政治的意思決定をするので、市民仲間たちによる私たちの処遇に対して私たちには憤る理由があるということである。それゆえ私は、すべてを考慮に入れたならば、私たちは市民社会の範囲を拡大して政治の領域を縮小させることを望むべきなのだと論じたい。私たちがアダムズの望みを実現するよう試みるべき理由は、単に、理想的には私たちが政治を必要としないだろうからというだけではない。そうではなくて、アダムズの希望を実現しようとすべき主たる理由は、私たちに互いに憎悪を向け合う真正な根拠が政治によって与えられてしまうからなのである。

注

（1）Letter from John Adams to Abigail Adams, May 12, 1780, https://www.masshist.org/digitaladams/archive/doc?id=L17800512jasecond（二〇一六年一月二〇日アクセス）.

（2）Schumpeter 1996, 262〔邦訳 四一九頁〕.

（3）もし人々が完全に正義にかなっていれば、人々は政治を不要とし、かわりに協働的アナキズムの一形態のもとで生きることになるだろうという議論については、Brennan 2014 を参照。

（4）この見解の卓抜した擁護論として、Conly 2012 を参照。

（5）もちろん、時として私たちの言論の諸権利は、他者に対する一種の権力を私たちに与える。これが、一部の哲学者たちが、ヘイト・スピーチのような、自由な言論に対する制約がありうるかどうかと問う理由である。ここでは私はこの問いに対して特定の立場を採らない。

（6）Christiano 1996, 2008.

（7）Estlund 2007.

（8）González-Ricoy 2012, 50.

（9）様々な種類の純粋手続き主義の諸理論についてのより包括的な要約かつ批判として、Estlund 2007, chapters 2-5 を参照。エストランドは、最も妥当な形態の純粋手続き主義はデモクラシーが本来的に正しいのは単純にそれが公正であるからだと主張する点に、注意を向ける。しかし彼は、コイントスやサイコロを転がすことも等しく公正であり、それゆえ純粋手続き主義はデモクラシーを支持する特によい根拠を持たない、と論じる。

（10）これは Estlund 2007 の要約である。

（11）ここでの対比は、帰結主義と義務論の間のそれと同じではない。帰結主義的道徳理論は、行為の正しさや不正さは、完全にその行為の帰結の問題であると主張する。義務論的道徳理論は、行為が正しいか不正かは、帰結によっては完全には決まらないと考える。一部の行為は内在的に正しいか不正でありうるというのである。デモクラシーについて道具主義にたつ者は、正義について帰結主義的理論あるいは義務論的理論のどちらでも受容できる。道具主義者は、デモクラシーが内在的に正しいわけではない、という主張にコミットするだけである。

（12）エストランドがこの術語を作った Estlund 2003。

（13）この詳細な擁護論として、次を参照 López-Guerra 2014。

（14）Estlund 2007, 30.

（15）厳密に言って、誤った理由ゆえに人々を排除することが不正義なのではなく、むしろ誤った理由ゆえに人々を包摂することが問題なのかもしれない。問題は、黒人だからあなたは投票に不適格となるという信念ではなく、白人だからあなたは適格だという信念にあるかもしれない。

（16）Somin 2013.

訳注

［1］すべてを考慮に入れた判断（all things considered judgement）とはなにを信じるか、欲するか、行うかといったことについて、一つの考慮事項を参照した比較を踏まえてではなく、他の関連する複数の考慮事項をすべて勘案し下される判断のことである。給料日前の太郎の昼食の選択を考えよう。太郎の目の前に、選択肢としてかけそばと焼き魚定食と和牛ステーキがあるとしよう。他の考慮事項は脇において、太郎は、美味しさという観点だけからみると和牛ステーキを選ぶべきだという判断を下し、コストの観点だけからみると安価なかけそばを選ぶべきだという判断を下し、健康という観点だけからみると栄養バランスの良い焼き魚定食を選ぶべきだという判断を下すと仮定しよう。これらの判断はいずれも単一の考慮事項のみに基づくものであり、すべてを考慮に入れた判断ではない。太郎が美味しさ、コスト、健康のほか有意な諸考慮事項を踏まえ焼き魚定食を選ぶとき、太郎はすべてを考慮に入れた判断をしている。なお、厳密には、諸考慮事項を勘案するという過程でどのような処理が行われるのか自体、価値論（value theory）の分野で様々な議論がある（別の価値が他の価値に優越しているとはどういうことか、そもそも比較可能か、通約して集計できるのか、など）。

第二章　無知で、非合理で、誤った知識を有するナショナリスト

普通の人は、車が来ないと信じるときにだけ道を渡る。その人には、左右を確認し、道路を渡れるかどうかについて合理的な信念を形成するインセンティヴが山ほどある。普通の人は、巨大トラックが自分に向かって突っ込んでくる様子が見えたときに、それが目の錯覚だなどという夢想にあえてふけりはしない。何といっても、間違っていたら死んでしまう。

さて、同じ人がいままさに投票しようとしているとしよう。もしその人が、いわば陰謀論のような夢想をしたり、あるいはうっかりミスをしたらどうなるだろうか。たいしたことにはならない。一個人の投票がなにか違いを生むようなチャンスは、消え入るばかりに小さい。一個人が考えうる最悪の候補者に投票しようが、考えうる最善の候補者に投票しようが、生み出される結果は同じである。投票を棄権しても結果は同じである。豊富な知識に基づく投票も、乏しい知識や誤った知識に基づく投票、あるいは非合理的な投票と同じ結果を生む。一個人が注意深く熟慮したうえで投票しても、コイントスによる投票やクスリを摂取したうえでの投票と同じ結果になる。

問題は、このことが私たち一人ひとりにあてはまるということにある。人々は概して道路の交通事

情については申し分のない知識を有しており合理的なのだが、それは非合理だと罰せられるからだ――かつて損害賠償保険の査定をしていた者として付け加えておくが、人々がこの点について完璧というわけではないのは確かだと言える。(1) しかし、以下でみるように、人々は政治については無知で非合理的な傾向にある。ひょっとするとこれは、投票にかんしては、知識や合理性は割に合わない一方で、無知や非合理性が罰せられないからかもしれない。

もし私たち選挙民が政治を苦手とするなら、つまり、もし私たちが空想や妄想にふけるかエビデンスを無視するなら、人が死ぬことになる。私たちは必要のない戦争をしかける。貧困を永続化させるような悪しき政策を実行する。薬物を過剰に規制したり、炭素汚染をまともに規制しなかったりする。しかし問題は、政治について知識を得るか合理的になるかどうかについて、私たち選挙民が全体として選択するわけではないということにある。それは、個人的なインセンティヴに基づいて選挙民各人が自分で決めることなのである。

本章は、政治的無知の現象を論じることからスタートする。大半の投票者を含め、ほとんどのアメリカ人がいかに物事を知らない傾向にあるかが明らかになるだろう。そのうえで、人々が知識に乏しい理由を検討する。次に、政治心理学の領域を手早く概観する。政治心理学は人々が政治的情報をどのように処理するかを研究している。ここからわかることは、大半の人々が極めてバイアスのかかった非合理的な仕方で政治的情報を処理しているということである。

第一章で、私は多数のアメリカ人がホビットで、残りはほとんどフーリガンだと主張した。無知と無関心がホビットの特徴で、バイアスと熱狂がフーリガンの特徴である。本章の最後で、アメリカ人がおよそ半分ずつホビットとフーリガンに分かれていると見積もることが適切なのはなぜかを説明しよう。

市民が知らないこと

政治のこととなると、いろいろ知っている人は一部で、たいていの人はなにも知らず、多くの人は無知にも満たない。

ちょっとしたエピソードや個人的な経験から、投票者がさほどものを知らないということを、あなたはすでに信じているかもしれない。だが、もしあなたが統計に通じていないなら、あなたは投票者を買いかぶりすぎており、なおかつ個人的経験がミスリーディングなものになっている、そういう可能性が多分にある。知識がない投票者について考えるよう求められると、あなたはおそらく知人や近親者の中で最も無知な人を思い浮かべるだろう。しかし、この本を読んでいる以上、私はあなたについて少なくとも学士号を持っているかもうすぐ習得するものだと想定してもよいだろう。たとえあなたがレベルの低い大学に通っていたとしても、あなたのクラスメートは依然として国の中では知的エリートである。おそらく、あなた、あなたの友達、近親者、そして知人は、あなたの国で少なくとも最も知識を有する人々上位一〇パーセントのなかにいるだろう。

一九四〇〜五〇年代に、コロンビア大学とミシガン大学の研究者たちは、典型的な市民が政治について知っていることと知らないことのカタログ作成をはじめた。その結果は気が滅入るものであった。

政治学者のフィリップ・コンバースは次のように要約する。「現代の選挙民における政治的情報の分布について私が知っている二つの最も単純な真理は、平均の低さと分散の大きさである」(2)。『民主主義と政治的無知』の著者、ソミンは次のように述べる。「大半の投票者個人の無知の本当の深刻さは、研究に通じていない大勢の観察者には衝撃的なものである」(3)。投票者の知識にかんする経験的研究を幅広く概観するなかで、ソミンは少なくとも投票者の三五パーセントが「なにも知らない」という結論を出している(4)(私は投票者という点を強調しておきたい。全員が投票するわけではないし、投票することを選択する人々よりも、投票しないことを選択する人々のほうがものを知らない傾向にあるからである)。政治学者のラリー・バーテルズは「アメリカの投票者の政治的無知は、現代の政治について最も立証された特徴のうちの一つ」だと述べる(5)。政治理論家ジェフリー・フリードマンは「学問やジャーナリズムの世界にいる観察者が考えているよりも公衆ははるかに無知である」と書き添える(6)。政治学者ジョン・フェアジョンは「政治について大半の人々が有している知識の乏しさほど、世論やデモクラシーを学ぶ学生に強い衝撃を与えるものはない」と同意する(7)。

投票者がどれほどものを知らないかを報告すること、ただそれだけに一冊すべてを費やすこともできた。だが、その仕事はすでに他の多くの人々がやってきているので、私はいくつか例を提示するにとどめておきたい。

・選挙期間中、大半の市民は自らの選挙区における連邦下院議員立候補者を判別することができない(8)。
・市民は概してどの政党が議会で実権を握っているかを知らない(9)。

・二〇〇四年のアメリカ大統領選の直前に、ほぼ七〇パーセントのアメリカ市民は、議会がメディケアに処方薬給付を追加したことに気がついていなかった。これが連邦政府予算の大幅な増額を意味し、リンドン・ジョンソン大統領が始めた貧困との戦い以来、最大規模の新たな給付プログラムとなるにもかかわらずである(10)。

・二〇一〇年の中間選挙のとき、不良資産救済プログラムがバラク・オバマ政権ではなくジョージ・W・ブッシュ政権のもとで成立したことを知っていた投票者は三四パーセントだけだった。連邦政府予算における裁量的支出の最大の項目が国防費だということを知っていたのは三九パーセントだけだった(11)。

・アメリカ人は対外援助に費やされている金額をはるかに過大に見積もっており、そしてそれゆえに、対外援助を切り詰めることで財政赤字を大きく減らすことができると多くの人が誤って信じている(12)。

・一九六四年の段階で、ソビエト連邦が北大西洋条約機構（ＮＡＴＯ）のメンバーではないことを知っていた市民は少数派にすぎなかった（そう、ＮＡＴＯはソビエト連邦に対抗するために創設された同盟だ(13)。合衆国がソビエト連邦と（核）戦争になりかけたキューバ危機から、ほんの短い時間しか経過していないことに留意してほしい。

・七三パーセントのアメリカ人が冷戦とはなにをめぐるものであったのかを理解していない(14)。

・大半のアメリカ人は、社会保障にいくら費やされているか、ないしはそれが連邦政府予算のどれほどを占めるかをおおまかにすら知らない(15)。

・アメリカ人の四〇パーセントは第二次世界大戦でアメリカが戦った相手を知らない[16]。
・二〇〇〇年のアメリカ大統領選挙中に、ブッシュよりもアル・ゴアのほうがリベラルであることを知っていたアメリカ人は半分を少し越えていたが、彼らがリベラルという言葉がなにを意味するかを理解していたようには思えなかった。彼らのうち五七パーセントがブッシュよりもゴアのほうが高水準の政府支出を支持していたことを知っていた。だが、ブッシュよりもゴアのほうが、中絶の権利、福祉国家プログラム、黒人への援助、あるいは環境規制に好意的な姿勢を示していたことを知っている人の割合は、半分をはるかに下回っていた[17]。貧困対策に費やされる連邦政府予算が増大していること、あるいは九〇年代に犯罪が減少したことを知っていたアメリカ人は三七パーセントだけだった[18]。これらの問いにコイントスで答えるよりもアメリカ人の出来は悪かったのだ。他の選挙期間でも結果は似たようなものである[19]。

以上は単なるサンプルである。そのような無知を数百ページにわたって書き連ねることもできたが、先に述べたように、すでに他の人々がそうした仕事にかなりの紙幅を費やしてきている。要するに、投票者は現在の大統領が誰かはだいたい知っているが、それ以上のことについては疎いのである。

投票者がどれだけ無知でも、非投票者――選挙権はあるが棄権することを選んだ成人の市民――は、もっと悪い傾向にある。ピュー研究所の要約によると、「平均して、一二の質問に投票者が七・一問を正確に答えるのに比べ、投票登録しなかった人々は四・九問である。下院で過半数を占めているのが共和党であることを知っているのは、非投票者のわずか二二パーセントである[20]」。ミット・ロムニーが中絶権反対派であることを知っていたのは非投票者のうち三分の一に満たなかった。ゲイの結婚にロムニーが反対していることを知っていたのは四一パーセントだけだった。ピュー研究所の政治に関する「ニュースIQ」クイズの個々の質問で、投票者は非投票者よりも一〇から二五パーセント高いスコアを残した。

事態はこのような数字が指し示すよりもはるかに悪い。ピュー研究所の世論調査や全米選挙調査のような投票者の知識の単純な調査は、アメリカ人が知っていることを過大評価する傾向がある。

これらの調査で投票者の知識が過大評価される一つの理由は、たいてい、調査が複数の選択肢から答えを選ぶという形態になっている点にある。多くの市民は、ある質問の答えを知らないときに、あてずっぽうに答える。一部の市民は幸運にも、調査によって知識がある人として記録される。一万人の投票者に対して、一つの問いに答えの選択肢が三つ用意されている一二問からなるテストを私が実施しているところを想像してほしい。そして平均的なアメリカ人は一二問中四問を正確に答えると仮定しよう。平均的なアメリカ人は四つの質問に対して答えを知っているのかもしれないが、そうした人々とランダムに答える人々を区別することはできないのである。

そのうえ、大半の調査や研究が知識を過大評価するもう一つの理由として、通常そのような調査では、市民には詳細な内容や程度を特定することは求められないという点も挙げられる。国防よりも社会保障に多く支出していることを知っていればその市民は知識があるとみなされるが、どれくらい多く支出しているかを知っているかどうかはふつうチェックされない。二〇一三年に経済成長したことを知っていれば知識がある市民としてカウントされるが、おおまかにいってどのくらい成長したかを知っているかどうかはチェックされないのだ。

たとえば、西暦二〇〇〇年に、ビル・クリントンのもとで財政赤字が減少したことを大半のアメリカ人は知っていたが（実のところ黒字だった）、ほとんどの人はいくら減少したかを認識していなかった[21]。あるいは、二〇〇〇年に大半のアメリカ人はブッシュよりもゴアのほうがリベラルだと知っていたが、ゴアがどのくらいリベラルかは知らなかった（実際、先に確認したように、リベラルという政治的ラベルの意味すら知っている様子がない）。あるいは、一九九二年に多くのアメリカ人はジョージ・H・W・ブッシュのもとで失業者が増えたことを知っていたが、アメリカ人の過半数は実際の数値の五パーセント以内〔の誤差〕で失業率を推定することができなかった。失業率を推測するよう求められたとき、投票者の過半数は実際の割合よりも二倍高い数値を答えた[22]。こういった物事の程度を知らないと、投票者は資源の配分を誤るし物事の優先順位を間違えるだろう。

最後に、これらの研究や調査が投票者の知識を過大評価している最も重大な理由として、出される質問が簡単だという点が挙げられる。そこで調査されるのは、簡単に検証できる事実を市民が知っているかどうかだ。市民に求められるのは、リストから現在の大統領を選ぶことや、下院で多数派を占めている政党はどれか、あるいは失業率が上がっているか下がっているかを判別することである。これらは小学校五年生の公民科のテストで見つけられるようなたぐいの質問だ。ものの数分ですべての質問に対する答えをググることができる。投票するアメリカ人の大半はこのような質問に答えられないのだが、専門的な社会科学的知識を必要とする質問というわけではない。

簡単な質問への答えを知っていることは、政治について豊富な知識を有していることの十分条件とは言えない。豊富な知識を有しているとみなせるためには、市民たちは次のようなことにも通じている必要がある。それは、候補者の政策綱領や、〔もし当選したら〕候補者が議会でどのような投票をしそうか、どのような政策を支持しそうか、候補者の議会での投票行動が重要になりそうか、当選した場合どの程度の影響力を有しそうかといったことである。

しかしこれでも十分とは言えない。誰に投票するべきかを知るためには、候補者がなにを支持しているのか、候補者が過去になにをしたか、あるいは将来なにをするつもりかといったこと以上のことを知る必要がある。豊富な知識を有している投票者と言えるには、候補者の選好する政策が、投票者が望む結果の実現を促しそうか、それとも妨げそうかを評価できることが必要となる。たとえば、スミスとコルベアの両者が経済を改善しようとしているが、スミスは自由貿易を支持しコルベアは保護主義を支持していることを私が知っているとしよう。経済をより改善しそうなのは自由貿易か保護主義のどちらなのかがわからないと、私は両者の間で理にかなった選択をすることができない。そのためには経済学を知っている必要がある。

あるいは次のように仮定してみよう。フリードマンとウィルソンという候補者がともにインナーシティにおける犯罪を減らそうとしているが、フリードマンは麻薬戦争を終わらせるべきだと論じるのに対して、ウィルソンは麻薬戦争に一層取り組む必要があると言っている。この場合でも、どちらに投票するべきかを知るためには、犯罪学、闇取引の経済学と社会学、禁酒法時代の歴史を知る必要がある。

社会科学の知識をかなりの程度持っている投票者はほとんどいない。それゆえ、経済学者のブライアン・カプランは、彼の著書『選挙の経済学』を、「投票者の知らないことで、一つの大学図書館が埋めつくされてしまうだろう」という言葉で始めた[23]。カプランの意図はこの発言が文字通りの意味で受け止められることにある。最寄りの大学図書館に行って、歴史学の本棚に向かってみよう。その本棚にある本に書かれていることを投票者は基本的に知らない。実は、四分の一を越えるアメリカ人はアメリカが独立戦争を戦った相手すら知らないのである[24]。今度は経済学の本に目を向けてみよう。アメリカ人はその中に書かれていることをほとんど知らない。アダム・スミスが一七七六年に出版した『諸国民の富』はとりわけ、スミスが「重商主義」と呼んだ、当時流布していた経済イデオロギーを論駁するものだった。しかし二四〇年たった現在、典型的なアメリカ人の投票者は多かれ少なかれ重商主義を受容している[25]。

今度は政治学の本に目を向けよう。アメリカ人はそこに書かれていることもやはり知らない。たとえば、大半のアメリカ人は統治機構上の三権とはなにか、あるいは三権の各々がなにをする権限を有しているか知らないのである[26]。ソミンは次のように述べる。

アメリカ政治を専門とする政治学者のサンプルと比べてみると、連邦政府予算の構成に対する大統領や議会の統制能力や、連邦準備制度の経済状況に対する影響力、公立学校に対する中央及び地方政府のインパクトを、公衆は著しく過小評価している[27]。

市民は誰がなにを統制しているかを知らないせいで、たびたび見当違いの政策の相違に基づいて投票をしているのである。

次に、アメリカ憲法を引っ張り出してみよう。アメリカ人は憲法をありがたがるが、それがなにを言っているのかは知らない。権利章典の修正第一条に載っている諸権利を二つ以上列挙できるアメリカ人は三〇パーセント以下だ。カール・マルクスの共産主義のスローガン「各人はその能力に応じて、各人はその必要に応じて」がアメリカ憲法のなかには書かれていないことを知っているのは三分の一以下だ(28)。

あなたは次のように異論を唱えるかもしれない。「投票者が政治の専門家になる必要はない。投票者に必要なのは、ダメな現職が悪い仕事をしているときに、そのダメなやつを罷免できる知識さえあればよい」と。しかしダメなやつが悪い仕事をしているかどうかを知るには、膨大な量の社会科学的な知識を必要とする。投票者は次のことを知っている必要がある。誰がダメな現職か、その人物がなにをしたのか、その人物がなにをなしえたのか、その人物がしでかしたときになにが起こったのか、ダメな現職よりも対立候補がましである見込みが高いかどうか。

実際、投票者はたいていこうした知識を全く持ち合わせていない。概して、誰が権力の座にあるか、あるいは権力者になにをする権限があるのか、投票者はほとんど理解していないか、まったく理解していない(29)。現職が有する影響力、あるいは様々な現職たちにどうやって責任を帰するかを知らない(30)。事態が好転したのか、それとも悪化したのかすら知らないこともざらだ。たとえば、さきほど言及したように、一九七〇年代と八〇年代にかけてアメリカで最大の問題の一つであった犯罪はクリントン政権下で劇的に減少したが、アメリカ人の大半はこのことを知らない。二〇一二年の選挙期間中、アメリカ人の大半は、その前年に経済が縮小したのではなく成長したことを知らなかった(31)。

最も驚くべきことは、政治的無知がいかに恒常的であるかということだ。こんにち、政治的情報は格安で簡単に手に入る。しかし、ジョークにもあるように、「私のポケットには人類の知っているすべての情報に簡単にアクセスできる端末があってね、猫の写真を眺めることと、知らない人と口論することのために使うんだ」というわけだ。一九四〇年に高校の卒業証書を持っている二五歳以上の白人は三〇パーセントに満たなかった。今や八〇パーセント以上がそれを持っている。少なくとも書類上では、アメリカ人はかつてよりはるかに教育を受けているにもかかわらず、また、これほどまでに政治的情報が安く簡単に手に入ることはなかったにもかかわらず、依然として人々の無知の程度は四十年前とだいたい同じままなのである(32)。

大半の投票者は愚かなのではなくて、無関心なだけである

経済学者たちは、投票者がこれほどまでに無知であるのは大した謎ではないと思っている。基本的なミクロ経済学から説明がつくのである。

情報を得るにはコストがかかる。時間と努力——他の目標を促進するためにも費やしうる時間と努力——を必要とする。特定の種類の情報を得ることに予測されるコストがその情報を得ることから予測される便益を上回るとき、ふつう人々はわざわざ情報を得ようとはしない。経済学者はこの現象を合理的無知と呼ぶ。

このことの例示として、以下を考えてほしい。一〇〇万ドルがあなたの街のどこかに獲得可能なかたちで埋められていると仮定しよう。さて、そのお金を見つけるための手引きが、一二〇〇ページあるレフ・トルストイ『戦争と平和』の文章の中に書き加えられていることをあなたが知っているとしよう。おそらくあなたは一〇〇万ドルをみつけるために『戦争と平和』を読むことを厭わないだろう。しかしそのかわりに、手引きがハーバード大学の一七〇〇万冊相当の図書館システムの中にランダムに隠されている、そう私があなたに教えたとしよう。[33] 手引きを見つけることには一〇〇万ドルの価値があるが、もはや手引きの探索はあなたの時間を費やすに値しないのだ。幸運にも手引きをさっさと見つけるかもしれないが、文字を追うことに人生を費やして、結局見つけられないままという見込みのほうが高い。

知識を備えた投票者になるということは、一〇〇万ドルを見つけるためにハーバード大学の図書館のすべてのコンテンツを読もうとすることにちょっと似ている。そのなかであなたは多くを学ぶことになるが、そのような情報を得ることで報われることはないのだ。

別の形で表現してみよう。億万長者があなたに、マクロ経済学入門講義で最優秀の成績を取れたら一〇億ドルをあげようと提案してきたと仮定しよう。おそらくあなたはやってみようとするだろう。だが、そのかわりに億万長者が次のように言ったとしよう。「マクロ経済学入門および、アメリカ政治入門およびアメリカ史および大学一年次の憲法で最優秀成績を残し、なおかつ全米選挙調査の公民テストで二八点以上をとれたら、そのとき一〇億ドルを勝ち取る六〇〇〇万分の一のチャンスをあなたに与えましょう」と。もしあなたが典型的なアメリカ人なら、おそらく悩まない。以上の諸科目に対して合理的に無知のままでいるだろう。

一票が違いを生むのは引き分けの状況にある場合だけである。そうでないなら、ふつう誰かがどう投票したのか、もしくはそもそも投票したかどうかは問題にはならない(34)。だが、一個人が引き分けの均衡を破る確率は消え入るばかりに小さい(35)。一部の経済学者や政治学者は、引き分け状況を打破する票を投じるよりも、連続して宝くじに数回当選する確率のほうが高いと推測している(36)。最も楽観的な推測が示すところでは、百万に一つ程度で大統領選挙で引き分けを打破するチャンスを投票者は摑みうるが、それはその投票者がスイング・ステートに住んでおり、かつ主要政党に投票する場合のみである(37)。そうでなければ、最も楽観的な推測においてすら、個人の投票は何にもならない。自らの票が決定的な一票になる正確な確率を計算する方法を知っている市民などほぼいないが、自らの投票が違いを生み出しそうにないことを市民たちは直観的に理解しているのである。

個々の市民が政府に対して有する権力などほとんどないし、個々の票が有する期待値はほぼゼロである。市民たちが政治についての知識獲得に投資しないのは、知識が報われないからである。市民たちの政治的選好が利他的だろうが利己的だろうが、政治について豊富な知識を得る価値はない。

一部の市民は他の市民よりもはるかに多くのことを知っている

人々は一様に無知であるというわけではない。コンバースが述べるように、知識の平均的水準が低い一方で、分散は大きい。大半の投票者は無知だが、極めて多くの知識を有している人もいれば、無知にも満たない人もいるのである。

全米選挙調査は、候補者は誰か、候補者たちがなにを支持しているのかといった基本的な政治的情報について投票有資格者を対象に調査をする。投票有資格者の間で知識の程度にはとんでもない分散がある。政治学者のスコット・アルトハウスは一部の結果を次のようにまとめている。

［分散が］いかに大きいかは、そのような質問への正答数を合計し、回答者をその知識で四分位へと分けることで明らかになる。最上位グループにいる人々は一八問のうち平均一五・六問を正答したが、最下位グループの平均正答数は二・五問だけだった(38)。

政治的知識を測るこのテストにおいて、最上位二五パーセントの投票者は豊富な知識を有しており、それに次ぐ二五パーセントはろくに知識を有しておらず、さらにそれに次ぐ二五パーセントはなにも知らず、最下位二五パーセントは体系的に誤った知識を有している。

実のところ、全米選挙調査が市民たちを対象に行っているのは、基本的な政治的知識についての多肢選択式のテストである。先にみたように、これらの質問の多くについて、投票する公衆全体の出来はランダムに答えるよりも悪いものである。二〇〇〇年のアメリカ大統領選挙では、ブッシュよりもゴアのほうが、中絶する権利、福祉国家プログラム、黒人への援助、環境規制を支持していることを知っていたアメリカ人は半分をかなり下回っていた。このことの意味を考えてほしい。あなたがTV番組の「クイズ$ミリオネア」に出演していることを想像してほしい。一〇〇万ドルの問題は「二〇〇〇年のとき、中絶する権利をより支持していたのは、アル・ゴアでしょうか、それともジョージ・ブッシュでしょうか。」というものである。また、次のように仮定しよう。あなたは答えを知らないが、コイントス、あるいは無作為に選ばれた二〇〇〇年のアメリカの投票者へ電話をかけて答えを聞くというオプションが司会によって与えられた、と。このとき、あなたが選択すべきなのはコイントスである。そのほうが信頼できるのである。

しかし、いくつかの事柄について公衆全体が体系的に誤った知識を有している一方で、知識量最下位四分の一の層の人々は極度に誤った知識を有している。たとえば、一九九二年の全米選挙調査で、投票者は民主党と共和党のどちらが概してより保守的かを判別するように求められた。最下位四分の一の人々のうち、正しく答えられたのはたったの一二パーセントだけだった。また、二つの主要政党の候補者、(当時現職の)ブッシュとクリントンの相対的なイデオロギー上の立ち位置について問う項目もあったが、それに正しく答えられたのは最下位四分の一のうち一七・九パーセントだけだった。最下位四分の一の人々のうち、ブッシュとクリントンのどちらが中絶権擁護寄りかを正しく判別できたのは、一七・一パーセントだけだった。行政サービスの拡充ないしはより福祉国家的にしようとしている候補がブッシュとクリントンのどちらなのかを判別できたのは、たったの九・七パーセントだった。(39) 以上の回答結果はランダムに答えを選んだ場合よりもはるかに悪い。対照的に、知識量上位四分の一の層に属する投票者の九〇パーセント以上はこれらの質問に正しく回答している。(40)

政治的知識と経済リテラシーはすべての人口統計上の諸集団の間で均等に分散してはいない。政治的知識は、大学学位の保有と強い正の相関があるが、高卒ないしはそれ以下の学歴とは負の相関がある。所得で上位半分にいることと正の相関があるが、下位半分とは負の相関がある。所得で上位四分の一にいることと強い正の相関にあるが、下位四分の一とは強い負の相関がある。合衆国西部に住んでいることと正の相関があり、南部に住んでいることとは負の相関がある。政治的知識は、共和党あるいは共和党寄りであることと正の相関があり、民主党か無党派寄りであることとは負の相関がある。三五歳から五四歳の間であることと正の相関があり、他の年齢層とは負の相関がある。黒人であることと負の相関があり、また、女性であることと強い負の相関がある(41)。第八章で検討するように、エピストクラシーに対する主要な反論の一つは、その基礎を人口統計上の諸集団のあいだで政治的知識の不均等な分散が存在することに置いている。

知識が政策選好を変える

もし政治的無知が私たちの政策選好に影響を与えないなら、つまり知識の多寡によらず人々が同じ政治的意見を持つなら、無知や誤った知識は重要ではないだろう。しかし知識が重要であることは明らかとなっている。人々がどんな政策を支持するかは人々がなにを知っているかに依存するのである。政治学者のマーティン・ギレンズによると、豊かな知識を有している民主党支持層と、知識の乏しい民主党支持層は、体系的に異なった政策選好を持っているという。高所得の民主党支持層は豊かな政治的知識を有する傾向にあるが、貧しい民主党支持層は無知であるか誤った知識を有している傾向にある。貧しい民主党支持層は二〇〇三年のイラク侵攻により強く賛成した。彼らは、愛国者法、市民的自由の侵害、拷問、保護主義、さらに中絶の権利や産児制限手段へのアクセスに対して制約をかけることを、より強固に支持した。彼らは同性愛にさほど寛容ではないし、同性愛者の権利にいっそう反対する。[42] 豊富な知識を有している民主党支持層はそれとは真逆の選好を持つ。彼らはイラク侵攻や拷問に反対したし、自由貿易、市民的諸自由、同性愛者の権利、中絶する権利、産児制限手段へのアクセスを支持するのである。

全米選挙調査のデータを利用して、アルトハウスは知識の豊富な市民と知識の乏しい市民が体系的に異なる政策選好を持つことも発見した。[43] アルトハウスは、人種、所得、ジェンダーといった人口統計上の要因の影響を補正した後でさえ、知識の乏しい人々が知識の豊富な人々とは体系的に異なる選好を持っていることを示した。(人種、所得、ジェンダーあるいは他の人口統計的要因にかかわらず)人々はより多くの知識を得ると、総じて政府による経済に対する介入と統制が小さくなることを好む(リバタリアンになるというわけではない)。保護主義よりも自由貿易を好む。中絶権擁護派寄りである。増税分を赤字と負債の相殺に使うことを好む。犯罪に対してはより懲罰的でも過酷でもない措置を好み、他の介入形態を好むとしても軍事政策においてはさほどタカ派的ではない。積極的差別是正措置をより受け容れようとする。公立学校における神への祈りをそれほど支持しない。ヘルスケアの問題に対しては市場を通じた解決策をより支持する。法律に説教じみた態度をそれほど持ち込もうとしない。政府が住民にモラルを押し付けることを望まない、等々。対照的に、人々の持っている知識が少なくなると、介入についてよりタカ派になり、保護主義、中絶規制、犯罪に対する過酷な懲罰、負債になんら手立てを講じない、といったことなどに好意的になるのである。

なぜみんなが無知ではないのか?

合理的無知の理論を理解すれば、政治的無知はもはや奇妙には見えない。もちろん人々は無知である。民主的なシステムが、人々に無知になるようなインセンティヴを与えているのだ(あるいはより正確に言うと、知識を得るインセンティヴの付与に失敗しているのである)。そこでいま必要になるのが、なぜ一部の人々はかくも申し分なく知識を有しているのかについての説明である。

合理的無知の理論によると、大半の人々が政治について無知でいるのは、政治的知識の学習に予測されるコストが、その知識を有することで得られると予測される便益を上回るからである。このことの裏は、もしコストを便益が上回れば人は政治について学習するだろうということである。だが、知識ある人の投じる一票も、知識のない人の一票と全く同じように無駄なのである。それゆえ、一部の人々が政治的知識を得るのはなぜかを説明するには、私たちは別の一連のインセンティヴに目を向けねばならない。合理的無知の理論は人々が決して政治的知識を獲得しないということを含意しない。むしろそれが示しているのは、人々の大半は投票という目的のために政治的知識を得ようとはしないということである。

多くを聞きかじりあまり忘れないこと:教育を受けた人々はそうではない人々よりも多くのことを知っている。ほとんどの人が学校で習ったことをほとんど忘れるのだが、学校教育をより多く受ければより多くの知識を保持することになる。仮に学んだことの二五パーセントだけでも覚えているのなら、高卒資格しか持たない人よりも学士号を持つ人のほうがよりいっそう多くのことを知っていることになる。

知識を得ることは道徳的義務だという信念：大半の人々は、投票する道徳的義務があるという信念を有している。あるいは少なくともアンケート調査の際にはこの信念を有していると答えている。(44)そのうちの一部の人々は、投票しなければならないだけではなく、知識に基づいて票を投じるべきであるとも信じている。正確に何人かを述べることは難しいが、実際にこの理由から知識を得るようになった人もいる。

帰属と社会階級：ほとんどの人は仲間はずれになりたいとは望まない。ほとんどの人々は、なんらかの集団に属したいしその集団から尊重されたいと思う。ときに人はその集団に溶け込むために知識を得る。各方面で集団に溶け込むためには、アメフト、自動車、セレブリティ、あるいはファッションについて多くを知る必要があるかもしれない。このことは政治的知識にも当てはまる。それは当該の仲間集団がどのようなものか次第である。

学歴のある人々は、学歴のある人々と暮らし、付き合いをもち、友だちになり、そして結婚する傾向にあり、学歴のない人々を避ける傾向にある。(45)学歴のある人々は一定の事柄を互いに期待する。同調圧力のもと、典型的な大学教育を受けた人は、ウィリアム・シェイクスピアの作品を読んだことがないこと、交響楽団の公演に行ったことがないこと、あるいはサッカーよりもNASCAR〔自動車レース〕を好むことを認めるのに恥じらいを示すだろう。一つの根強い傾向として、学歴のある人々は他の学歴のある人々に政治の話題についてくることを期待するということがある。

人々はしばしば集団に溶け込むために知識の獲得をはじめるが、次第にその知識を楽しむことを覚える。溶け込むためにビールを飲みはじめたかもしれないが次第にその味を覚える大学生や、溶け込むためにファッションを覚えはじめたかもしれないが次第にファッションを本当に楽しみだす人のように、政治的知識の味を覚える人もいるかもしれない。

政治オタク：関連する点として、一部の人々はまさにおもしろいという理由で政治的知識を得る。この人たちは、知識を有すること、世界がどう動いているのかを理解すること、そして新しい知識を得ることを楽しむ。知らなかったことを理解するようになることに喜びを感じるのである。

しばしば私は、数学、物理学、あるいは自然地理学――なにかの役に立つことはなさそうな知識だ――のよく知らないトピックについて百科事典の項目を読むが、それは単純にそういった知識がおもしろいからである。私はオタクで知識狂なのだ。

政治オタクである人は多い。実際、政治に関心があることはその人が政治について豊富な知識を有していることの一つの強力な予測要因である。その人たちは政治的知識の消費をまさに楽しむのである[46]。二〇〇〇年の全米選挙調査での政治的知識のテストで、政治に高レベルの関心をいだいている人々は、政治に対する関心のレベルが低い人々よりも約一一問も多く正答した。他方で、ミドルスクールを中退した人々よりも、大学院を修了した人々は約八問多く正答する傾向にあった。政治に関心があることは修士号の保有よりも基本的な政治的知識という点に強い影響を有するのである。

とはいえ、これら三種類の動機の問題は、事実を正しく認識するように私たちを規律する力としては弱いものにすぎないという点にある。仲間に溶け込むために知識を得ようとするインセンティヴを有する人々は存在する。だが、そういった人々は、仲間や友人が政治について信じていることとならんであれ信じるインセンティヴも有しているのである。そのおもしろさゆえに政治的知識を得る人々も存在する。だが、ここでの問題は、そういった人々は正しい理論ではなく誤った理論のほうにおもしろさや魅力を感じるかもしれない、ということである。

政治的非合理性

ヴァルカンが政治についての信念をいかに形成するかを想像してほしい。ヴァルカンは完全に合理的である。無知なヴァルカンは自分が無知であることを知っているだろうし、それゆえに政治的なイシューについてほぼわからないことを認めるだろう。もっと学習しようと決めたら、信用できる情報源から知識を探し出すことだろう。ヴァルカンは利用できる最善のエビデンスに信念を一致させるだろう。別々の見解にとって有利なエビデンスだけではなく、それらの見解にとって不利なエビデンスにも目を向けるだろう。エビデンスに応じていつでも意見を変えるだろう。誤謬を避けたいと考えるので、仲間と相談し見解の不一致を真剣に受け止めるだろうし、喜んで批判を受け容れるだろう。「私の誤りを指摘し訂正してくれて感謝するよ！」ヴァルカンが抱く信念の強度はあくまでエビデンスが許す限りにおいてである。

本物のヴァルカンは認知バイアスを免れている。認知バイアスとは、合理的思考からの逸脱の体系的パターンのことである。バイアスは私たちの脳内におけるソフトウェアのバグのようなものだ。バイアスは、私たちが手にしている知識やエビデンスを所与としたときに、私たちが信じるべきことを信じ、考えるべきことを考え、あるいは行うべきことを行うことを妨げるのである。

大半の市民は、感情に左右されない合理的な形ででではなく、非常にバイアスがかかり党派的で、なおかつなんらかの動機づけが働いた形で政治的情報を処理する。このことは膨大かつ広範な研究に支えられ政治心理学で圧倒的なコンセンサスを獲得している。大半の人々はヴァルカンというよりもはるかにフーリガン的である。強固なイデオロギーを持ち合わせていないホビットですら、潜在的なヴァルカンというよりも、潜在的なフーリガンあるいはフーリガン予備軍のようなものなのだ（ホビットは意見を形成するほど政治に関心がないのだが、仮に気にしはじめたらバイアスのかかった形で意見を形成するだろう）。

政治心理学者のミルトン・ロッジとチャールズ・テイバーが既存の一連の研究を次のように要約している。「予測可能かつしばしば潜行的な形で新しい情報の処理を導くような、事前の態度と信念の引力から逃れることは、人々にとって非常に困難であることを示す……エビデンスは信頼性があり［そして］強力である」[47]。政治心理学者のレオニー・ハディ、デイヴィッド・シアーズ、ジャック・レヴィはこう要約する。「多くの場合、政治的意思決定は、新しい情報の慎重な考察よりも、習慣的な思考と一貫性に特権を与えるバイアスに悩まされている」[48]。

政治に参加するとき、人々は悪しき認知的挙動を示す傾向がある。政治に参加するときや政治を論じるときに人々は高レベルのバイアスを示す。これはおそらく、人間の脳が真理の探究よりもむしろ議論に勝ち徒党を組むということのためにデザインされているからだろう。心理学者のジョナサン・

ハイトは次のように述べる。

推論は真理を追究するようには設計されなかった。推論は、議論に勝つための進化によって設計されたのだ。それゆえ、［心理学者のユーゴ・メルシエとダン・スペルベルは、推論の発達にかんする自分たちの理論を］「推論の論議理論」と呼ぶ。メルシエとスペルベルが言うように……「ここでレビューしたエビデンスが示していることは、推論は合理的な信念や合理的な意思決定というものを信頼できる形で生み出すには程遠いというだけではない。多くの場合、合理性にとって有害ですらあるかもしれないのだ。推論はひどい結果をもたらしうるのだが、それは人類が推論をするのが苦手だからではなく、自らの信念や行為を正当化する議論を体系的に追い求めるからだ」。(49)

ヴァルカンならば、エビデンスについて推論をすることで、真なる信念を獲得し誤った信念を排する可能性は高くなる。しかし現実の人々にとって推論は認識的に危険でありうる。私たちが行うのは、動機づけられた推論である——良い気持ちを最大化し嫌な気持ちを最小化する信念に至ろうとするのだ。私たちは特定の事柄を他の事柄の対立物として信じることを好むし、私たちの脳は私たちが保持したい信念へと収束する傾向がある。

心理学者ドリュー・ウェステンは、動機づけられた推論を対象にした、近年で最も有名な実験の一つを実施した。(50)ウェステンの被験者は、忠実な共和党支持者と民主党支持者であった。被験者には、セレブリティの発言のあとに、潜在的にそのセレブリティが偽善的であると思えてくるような情報が提示された。そのうえで、被験者には「弁明的発言」が示された（実験の試行段階では、ウォルター・クロンカイトが引退後には二度とテレビの仕事をしないつもりだと述べた引用文が示され、次に、引退後に再度仕事をしている映像が流され、最後に、それが特別出演だったことを述べる説明がなされた）。この実験では、登場するセレブリティが共和党支持であるか民主党支持であるかが判別可能であった。共和党支持の被験者は、民主党支持のセレブリティの言行が矛盾しているという点は強く認めたが、共和党支持のセレブリティが矛盾しているということには弱い同意しか与えなかった。民主党支持の被験者も同様に、自らの支持する党派からの弁明的言明はすんなり受け容れたが、他方の弁明は受け容れなかった。fMRI〔機能的磁気共鳴画像法〕によると、被験者の快楽中枢は、他の党派のメンバーを非難しているときに活発化し、被験者が自らの党派のメンバーに不利なエビデンスを否定したときに再度活発化したのである。

政治的部族主義

政治では（そして他の文脈でも）、「内集団／外集団」ないしは「集団間バイアス」に私たちは悩まされる。内集団／外集団バイアスとは、その語の最も否定的な含意において、私たちが部族主義的であることを意味する。私たちは集団を形成するようにバイアスがかかっており、その集団に自らを強く同一化させるのである。他の集団に対する敵意を発達させる傾向が私たちにはある。その敵意に根拠がないときですらそうなのである。私たちは、自集団は善で正しく、他の集団のメンバーは悪く、愚かで、不正だと想定するようにバイアスがかかっている。自集団の犯したことはほとんど赦し、かつ他集団のささいな過ちはけなすようバイアスがかかっている。私たちの自チームへのコミットメントは、真理あるいは道徳性への私たちのコミットメントを乗り越えうるのである[51]。

このことを示すため、ヘンリ・タジフェルは、無作為にいくつかの集団へ被験者を割り振って実験をした。そこで、集団のメンバーがとある些末な特性を共有していると被験者に嘘を伝えた。そして、人々が自集団メンバーと他集団メンバーをいかに処遇するかを観察する実験を行った。被験者が自集団のメンバーには強いえこひいきを示し他集団のメンバーには不信を示すことを、彼は繰り返し検出したのだ[52]。

あなたは、集団間バイアスや動機づけられた推論がいかに作用するかを示している YouTube 上の動画や深夜番組をみたことがあるかもしれない。たとえば、インタビュアーがある人に民主党支持か共和党支持かを質問する。もし、その人が民主党支持だと答えたら、インタビュアーは続けて次のような質問をするだろう。「オバマが実施した政策Xについてどう思いますか。」「ブッシュが実施した政策Yについてどう思いますか。」と。典型的な民主党支持者は、いかにXがすばらしくいかにYがだめかについて長々と語るだろう。しかし、そこでインタビュアーはいたずらだったことを明かすのである。実は、オバマがYを実施し、ブッシュがXを実施したのだ、と。インタビューされた人は怒ってすべてを否定し、そして歩み去っていくのだ。

政治心理学者ジェフリー・コーエンは、人々の政策についての判断にいかにして党派性が影響を及ぼすかを見極めるため、このいたずらを利用した科学的研究をいくつも実施した。同僚の政治心理学者デニス・チョンはコーエンの仕事を次のように要約する。

実験では、参加者には社会福祉政策の二つの対照的なバージョン——寛大なものと厳しいもの——が提示された。そのメリットに基づいて各々の政策を判断するときには、回答者は自らのもつイデオロギー上の諸価値と一貫したバージョンを選択した。ところが、政策が民主党あるいは共和党のものだとされると、その政策の寛大さや厳しさとは関係なく、リベラルな回答者は民主党のラベルが貼られた政策を支持し、保守の回答者もその詳細にかかわらず共和党のラベルが貼られた政策を支持したのだ。(53)

〔党派性の影響の検証という文脈から〕切り離して考えれば、この種の研究は必ずしも人々が非合理的だということを明らかにしてはいない。結局のところ、もし私がハーバードの経済学部が賢いと考えており、そしてその学部が特定の経済政策を支持していると知ったら、私は合理的にその意見に従うことだろう。たとえば、もし経済学者アンドレイ・シュライファーが行動ファイナンスにおける何事かについて私と見解を異にしていると聞けば、それは私が間違っている強い推定上のエビデンスであると受けとめる。それにもかかわらず、私たちの情報の処理における党派的バイアスについての研究を総合して考えると、人々は最も合理的な仕方で情報を処理するよりも、チームに忠義立てしようとするとする見込みのほうが高いように思われるのである。(54)

先に論じたように、多数の人々は政治に対する好みで政治的知識を獲得する。ソミンがいいアナロジーを示している。政治のファンのような人々がいるのである。スポーツのファンは一つのチームを応援することを楽しむ(55)。スポーツのファンが選手の経歴、スタッツ、オッズ、そのスポーツに関する事柄を学ぶのは、その情報が自分の応援するチームが勝つことに役立つからではなく、そうすることで試合をより楽しむことができるからだ。しかし、スポーツのファンはバイアスのかかった仕方で情報を評価する傾向も有している。「自分の応援するチームがよく見え、ライバルチームが悪く見えるエビデンスを重視するが、その逆のエビデンスは軽視する」傾向にあるのだ(56)。

これこそ政治で起こりそうなことである。人々は、自分を民主党チームあるいは共和党チーム、労働党チームあるいは保守党チームなどに属するものと考える傾向にある。人々が知識を獲得するのは、それが自チームに味方し憎きライバルに立ち向かうのに役立つからだ。もし民主党の投票者と共和党の投票者の間の対抗関係が、ときとしてレッドソックスのファンとヤンキースのファンの間のそれのように思えるとしたら、その理由は、心理学的な観点からすると二つの対抗関係は両方とも実際に非常に似通っているからなのである。

投票者の多くは無党派を自認している、という反論があるかもしれない。しかし実際には、研究に次ぐ研究がほとんどすべての無党派を自称する投票者は隠れた党派支持者であることを示している。自称無所属の投票者は一つのチームに属し常に同じ政党に投票しているのだ(57)。

政治学者のダイアナ・マッツは、政治的な「ファンコミュニティ」こそが人々を投票所に足を運ばせるものだという驚くべきエビデンスを発見した。政治にとても活発な人々は強いフーリガン的特徴を有する傾向にある。政治的に活発な市民はたいてい強い意見を持っているのだが、異なった意見を持つ人たちとはめったに対話しないし、かつ自分とは逆の見解の背景にある根拠を説明することができない人たちなのである。(58) 反対のパースペクティヴにさらされることで、自身の政治的見解に対する熱狂は和らげられる傾向にある。反対の見解を有する他者との熟議によって、人は政治について両義的で無関心な態度をもつようになり、以前よりも政治に参加しなくなる。(59) マッツが「党派横断的な政治的露出」と呼ぶもの——反対の観点にさらされること、あるいは見解を異にする人々と対話すること——によって、個人が投票する見込みは著しく下がり、参加する政治的活動の数は減り、どう投票するかを決めるのにいっそう長い時間を要するようになる。(60) 対照的に、活発に参加する市民は、熟議にそれほど関わらない傾向にあり、党派横断的な政治的議論を持とうともしない傾向にある。(61) いちばん参加するのは、大半の時間をエコーチェンバーで過ごす人々である。

もし部族主義の一つの効果を確認したければ、なんらかの複数の政治的イシューについての諸信念が、互いになんら関係がないのに、一つにクラスター化される傾向にあるさまを考えればよい。次のようなトピックを考えてほしい。銃規制、地球温暖化、ISISにどう対処するか、女性の産休有給義務化、最低賃金、同性婚、共通のコアカリキュラム、そして旗を焼きすてる行為。もしこのようなイシューのうち、どれか一つについてでもあなたのスタンスを知れば、その他すべてについてのあなたの立場もかなりの確実性でもって予測することができる。

これは考えてみれば奇妙ですらある。個々のイシューは論理的には無関係である。中絶の権利に対する賛否の議論は、ほとんど銃規制とは関係がない。しかしもしあなたが中絶権擁護派ならほぼ確実にあなたは銃規制に賛成で、もし中絶権反対派ならほぼ確実に銃規制反対だ。もしあなたが最低賃金を引き上げたいと望む人なら、あなたはおそらく、地球温暖化が大きな脅威であって、政府はそれを止める介入をする必要があると信じている。もし最低賃金を引き上げることに反対なら、あなたはおそらく、地球温暖化は作り話である、人類によって引き起こされてはいない、あるいはたいしたことではないと信じており、それについて政府がなすべきことはほとんどない、あるいは一切ないとも信じている。一方の政党とその支持者はこのような複数のイシューに関する諸信念の組み合わせの一つを選んでおり、他方の政党とその支持者は対立する諸信念の組み合わせを選んでいるのだ。そうあることが当然であるような合理的な理由などない。これらの各々の信念は独立しているのだから。それゆえ、部族主義によってだいたいの説明がつくように思える。部族が答えを決めており、その諸信念を採用することで、人々は部族への忠誠を示すというわけである。

彼らのいくつもの信念がクラスター化されがちであるということに、たとえば民主党支持者が反論を唱えるのを想像することができる。たとえ論理的に無関係であったとしても、民主党支持者の信念はすべて真である。民主党支持者は、まさしく真理に至るということに並外れて優れた人々であり、それゆえに民主党支持者は諸信念の特定の組み合わせを共有する傾向にあるのだ、と。

だが、たとえそうであったとして、なぜ共和党支持者はそれと正反対の諸信念の組み合わせを持っているのだろうか。もし民主党支持者がまさに並外れて真理を発見することに優れているならば、それによって民主党支持者が論理的には無関係ないくつもの信念からなる一つの組み合わせに収斂することは説明されるだろう。しかし、それでは共和党支持者（あるいは非民主党支持者一般）が正反対の諸信念に収斂するのはなぜかの説明にはならない。かわりに、共和党支持者はこれらのトピックの大半についてランダムに分散した全く異なる信念を有する傾向にある、と予測することになるだろう。民主党支持者の諸信念は互いに正の相関を示すのだが、共和党支持者の諸信念の間にはほとんどあるいは全く正の相関がないと予測する。民主党支持者の諸信念はクラスターを形成するが、共和党支持者の諸信念はそうではないと予測するのだ。民主党を支持する先の反論者は、民主党支持者が並外れて真理の発見に優れているだけではなく、共和党支持者が並外れて誤った信念を形成する傾向にあるのだと応答するかもしれない（私の研究者仲間の幾人かは、フーリガンであることを反省するつもりのない人なのだが、ここで笑って、そう、まさにそうなのだと言うだろう）。

このことが真であるということは可能である。だが、エビデンスはそれとは反対のことを示している。もし一方の政党が知識の豊富な投票者を擁しており、他方の政党は知識の乏しい投票者を擁するということがわかれば、その事実はこの仮想的な民主党支持者の議論を支持することに貢献するだろう。しかし、平均的な共和党支持者は平均的な民主党支持者よりもわずかに多くの知識を有しているのだが、知識の差は驚くほどのものではないのである。

この点について、先ほど言及した、知識が私たちの政策選好にいかに影響を与えるかについての研究を考えてほしい。アルトハウスたちが示したのは、たとえ私たちの政策選好に影響を与える人口統計上の諸要因を統制したとしても、有する知識が多い投票者と少ない投票者とでは体系的に異なった政治的選好を持っているということだった。（論理的に無関係な）諸信念の一つのクラスターを民主党支持者が受け容れ共和党支持者は正反対のクラスターを受け容れるのは、一方の政党支持者が真理の追跡に秀でていると同時に他方の政党支持者は驚くほど真理を避けることに秀でているからだ、という仮説を検証するうえで私たちはこれらの研究を利用することができる。しかしながらアルトハウスは、知識の獲得によって人々が民主党支持者あるいは共和党支持者の信念へと収斂する傾向がある、ということを発見していない。むしろ、見識あるアメリカの公衆は、イシュー次第で民主党にも共和党にも賛成するし、民主党と共和党双方の姿勢を退けもするのである[62]。

政治における認知バイアスの他の事例

私たちは他にも幅広く様々な認知バイアスに悩まされており、そのどれもが政治について筋道を立てて推論する私たちの能力を妨害してくるのだ。

確証バイアスと反証バイアス：私たちには、自分の既存の見解を支持するエビデンスを受け容れる傾向がある[63]。私たちには、自分の既存の見解を反証するエビデンスを退けるか無視する傾向がある。自分の現在の意見に有利なエビデンスを探し求め無批判に受け容れる一方で、その意見を掘り崩すエビデンスを無視するか、退けるか、もしくはそれに対してうんざりするか疑いの目を向ける傾向にある。私たちは自分の見解を支持してくれる議論や人々には有利な解釈を与えるが、自分の見解に批判的な議論や人々は払いのける。私たちが気を配っているのは、真理ではなく、自分たちの縄張りの防衛なのだ。実際、数多くの政治的な党派は極度にバイアスがかかっているので、彼らが間違っているというエビデンスを示されたときには、いっそうバイアスが強化される――彼らは正しいとなお強く信じるようになるのである[64]。

確証バイアスによって、私たちがニュースや情報をどう消費するかが明確になる。大半の人々は、自分の既存の意見を支えるニュースを読むだけだ。左派リベラルは『ニューヨーク・タイムズ』を読む。保守派はＦＯＸニュースに群がる。

法学教授のダン・カハンは最近、政治がいかに堕落しうるかを示す巧みな実験を行った(65)。彼は次の問いへの答えを求めた。一般市民が社会科学的な事柄について誤った結論に至るのはいつなのか、それは彼らの賢さが十分ではないからエビデンスを理解できないせいなのか、あるいはあまりにバイアスがかかっているからエビデンスを適切に処理できないせいなのか、というものだ。

このことを検証するために、カハンは千人の被験者を募集し、彼らに基本的な数学適性テストを行い、次いで彼らの政治的な見解を調査した。さらに続いて、彼は被験者にいくつかの科学的な問題を推論するように求めた。最初の問題は政治的に中立的なものだった。そのなかで彼は皮膚クリームの発疹に対する効果を検証する仮想的な研究を描いた。被験者はその研究が仮想上のものであることを理解したうえで、仮にデータが真だとしたらどのような結論が支持されそうかを答えるよう求められた。カハンはわざとそこでの計算をトリッキーなものにした。予想通り、高い数学適性スコアを残した被験者だけが正しい答えを見つけ出した。リベラル派と保守派はどちらも同じ程度の成績を残した。

カハンは、この結果を人々の政治的忠誠がエビデンスについての推論能力にいかに影響を与えるかを判定するベースラインとした。カハンは計算問題を繰り返したが、今度は皮膚クリームではなく銃規制についての問題にした。一つのバージョンでは、仮想上のデータは拳銃隠匿携行の禁止によって犯罪を減らせなかったという結論を支持するものだった。もう一つのバージョンでは、データは禁止によって犯罪数を減らすことに成功したという結論を支持するものだった。そこでの計算は皮膚クリームのものと全く同じものだった。従って、推測上は、最初の皮膚クリームの事例で正しい答えにたどり着いた人々ならば、二つ目の銃規制の事例でも正しい答えにたどり着くはずである。

ところが、圧倒的多数の人々が、仮想上のデータは拳銃と犯罪についての自分の既存の信念を支持するものだと結論づけたのだ。保守派は、人々に拳銃隠匿携行を許可することで犯罪は減るということを計算結果が示していると信じる傾向にあった。リベラル派は、拳銃隠匿携行許可によって犯罪は減らせないことを計算結果が証明したと信じる傾向にあった。カハンは、リベラル派の半分には彼らの信念を支持するバージョンを実施し、もう半分にはその信念を掘り崩すバージョンを実施した。両方のケースで、リベラル派は仮想上のデータが彼らの既存の信念を支持するものだと結論づけたのである。データが拳銃の隠匿携行が犯罪を減らすことを含意するときですら、リベラルの結論は圧倒的に、データによると拳銃隠匿携行は犯罪を減らせない、というものだった。カハンは同様に保守派の半分には彼らの既存の信念を支持するバージョンを実施し、もう半分には信念を掘り崩すバージョンを実施した。やはり両方のケースで、保守派はデータが彼らの既存の信念をまさに支持していると結論づけたのである。データが拳銃の隠匿携行で犯罪を減らせないことを含意するときですら、保守派の結論は圧倒的に、データによると拳銃隠匿携行が犯罪を減らすことに成功した、というものだった。なお悪いことに、計算が得意な人ほど――適性検査でより高いスコアを残した人ほど――よりバイアスがかかっていたのである。

利用可能性バイアス：何年か前に、アメリカ人は誘拐報道が大好きだということに報道機関は気がついた。すぐに全国のメディアがアメリカで起きた児童誘拐をくまなく取り上げはじめた。ほぼ絶え間なく誘拐の報道が流されたせいで、誘拐が大流行していると大半のアメリカ人は信じたのだ。ソフトロックバンド、トレインは「子どもたちは家の中で遊ばないと姿を消す」から「天使に呼びかけなきゃ」と歌った(66)。だが実際には誘拐の数は増えてはおらず減ってきていた。合衆国における不審者による誘拐件数は一年で一〇〇人ほどにすぎない。一九六〇年代よりも今の子どもたちは実ははるかに安全な環境にいる。それは親が子どもたちを外で遊ばせないようなパラノイアに陥ったという理由からだけではない。

ここでの問題は、私たちが確率の推定をひどく苦手としているという点にある。「Xはどのくらいの頻度で発生するか。」と尋ねられたとき、私たちは認知的ショートカットを利用する。Xの事例を簡単に思いつけると私たちはXがありふれたことに違いないと思いこむ。事例を想起し難く感じるときには、Xは珍しいことに違いないと思いこむのだ。

心理学者のエイモス・トベルスキーとダニエル・カーネマンは、この現象を「利用可能性バイアス」ないしは「利用可能性ヒューリスティック」と呼んだ(67)。鮮烈な事柄――飛行機事故や、サメの襲来、テロリストの攻撃、そしてエボラ出血熱――は、たやすく思い浮かぶので、そのような事柄が実際よりもはるかにありふれたことなのだと思いこむ。鮮烈ではない事柄――インフルエンザや肺炎による死――はそう簡単には思い浮かばないので、そのような事柄は珍しいことなのだと私たちは誤った結論を下すのである。

政治において、利用可能性バイアスは危険である。そのせいで、私たちは誤った事柄に注意と資金を集中させてしまう。

過去五〇年の間に、合衆国でテロによって生じた死者は約三五〇〇人だけであったことを考えてほしい。九・一一の攻撃によって、残骸撤去、器物損壊、およびビジネス上で生じた利益損失は三〇〇億ドルだった。これらの失われた生命と財産を、テロとの戦争それ自体と比較してもよいだろう。これまでのところ、この戦争を戦ったことで、六〇〇〇人を越えるアメリカ軍兵士、二〇〇〇人を越えるアメリカの受託業者、そして一〇万人を越える（あるいはおそらく二〇万人を越える）アフガニスタン、パキスタン、そしてイラクの無辜の民間人が殺されたのだ。ブラウン大学のワトソン研究所は、テロとの戦争にかかった金銭的コストの実際の合計額を三兆ドルから四兆ドルと見積もっている。[68]政治学者のジョン・ミューラーと工学者のマーク・スチュワートは、国土安全保障省の費用を正当化するためには、当局は、毎年一七〇〇件近くの重大テロ事件を阻止する必要があるだろうと述べている。もちろん、そんなことは行われていない。[69]合衆国のテロとの戦争は費用便益分析に耐えられない。だが、アメリカ人たちは確率の推定が苦手なので、国土安全保障省の廃止を願う者などほとんどいないのである。

情動伝染と事前態度効果：私はヴァルカンを冷静な存在として特徴づけた。このことに一部の政治理論家は反発するかもしれない。彼らは、政治において情念は良いものだと考え、また長きにわたって西洋の政治哲学が感情に対するバイアスを有してきたと不平をいうかもしれない。[70]しかし実際には、心理学的なエビデンスは情念によって私たちの思考が堕落することを示している。一つのイシューについて人々が強い感情を抱くと、それについての議論が分極化しバイアスのかかった仕方で評価されるようになる見込みは、いっそう高くなるのである。さらに、(悲しみ、怒り、喜びなど)感情的になっているとき、それによって政治について思考する能力は堕落する[71]。あなたが政治的情報をいかに評価するか、どのような結論を引き出すかは、あなたの気分次第である。感情によって私たちがエビデンスを無視し避ける、ないしは政治的信念を合理化するということは、実験によって示されている。これが、バイアスや動機づけられた思考につながるのである。

フレーミング効果：人々が情報をいかに評価するかは、情報がいかに提示されるかによって大きく左右される。このことを、心理学者はフレーミング効果と呼ぶ。

次のような二つの質問を考えてほしい[72]。

(1)：六〇〇人が死ぬと予測される病気がある。この病気に立ち向かう上で当局が利用可能なプログラムとして、二つの候補がある。プログラムAはちょうど二〇〇人を救うだろう。プログラムBは六〇〇人全員を救う確率が三分の一あるが、誰も助からない可能性が三分の二ある。AとBのどちらのプログラムがましだろうか。

(2)：六〇〇人が死ぬと予測される病気がある。この病気に立ち向かう上で当局が利用可能なプログラムとして、二つの候補がある。もしもプログラムαが採用されたら、ちょうど四〇〇人が死ぬだろう。もしプログラムβが採用されたら、誰も死なない可能性が三分の一あるが、全員が死ぬ可能性が三分の二ある。αとβのどちらのプログラムがましだろうか。

よく読めば、二つの質問は同じだということがわかるだろう。両者はまったく同じシナリオと確率を説明しているが、異なる言葉遣いをしている。質問（1）は人々を救うことを尋ねており、質問（2）は人々を死なせることを尋ねている。完全に合理的な人、ヴァルカンなら、このことを認識し両方の質問に同じ答えを出すだろう。しかし、アメリカ人はヴァルカンではない。アメリカ人は、質問（1）を出されると選択肢Aのほうを好む。質問（2）を出されると選択肢βを好む。しかし、言葉遣いは違うが質問（2）のβは質問（1）のBにすぎない。

実際、このようなフレーミング効果は根強くかつ行きわたっている[73]。いかに質問が提示されたかは、人々がどのような意見を形成するかに大きな影響を与える。心理学的に器用な人物——世論調査員、ニュースキャスター、評論家、政治家、熟議フォーラムのモデレーター、あるいは投票用紙上のレファレンダムの問いを起草する人——は他ならぬある選択肢を投票者が選ぶようにフレーミング効果を利用することができる。

同調圧力と権威：他の人の証言は重要である。オーストラリアの大地を踏むずっと前から、私はオーストラリアの存在を信じていた。私がオーストラリアは存在するという信念を持つことが正当化されたのは、オーストラリアが存在するという確かで信頼できる証言に接していたからである。だから、互いに傾聴するということは往々にして私たちにとって理にかなうのである。ヴァルカンは他人の意見に耳を傾ける。

とはいえ、私たちには、そうすることが非合理的なときですら、多数派の意見（あるいは自らがその一部でありたいと思う集団の意見）に自らのそれを順応させるバイアスがかかっている。おそらく、このことの最も有名な事例はアッシュの実験だ。ソロモン・アッシュの実験では、八人から一〇人の生徒が複数の線の集まりをいくつか提示された。その中の二本の線は明らかに同じ長さだが、他の線は明らかに違う長さだった。そこで生徒たちはどの線の長さが同じかを判定するように求められた。実験では、実際の被験者は集団のうちたったの一人だけで、残りの生徒は協力者だった。実験が始まると、協力者は一致して間違った線を選択しだすのだ。

アッシュが知りたかったのは、実験対象者がどう反応するかである。もし他の九人の生徒が線Aと線Bは同じだと、その二つの線の長さが明らかに違うのに、全員で言ったならば、被験者は自分の立場を固守するだろうか、それとも集団に同意するだろうか。アッシュは、約二五パーセントの被験者が自身の判断を守り順応しなかったこと、三七パーセントが屈して完全に集団に同意するようになったこと、そして残りは順応するときもしないときもあることを発見した(74)。書面で個別に〔他者の意見にさらされることなく〕回答した統制群が間違える確率はたったの五分の一だった。この結果の再現は十分になされてきている。

長い間、順応する人たちが嘘をついているのかどうかは研究者たちにとっての謎だった。順応者は集団に同意しているふりをしていただけなのか、それとも集団がそう言ったがゆえに、同一の長さではない線を同一だと実際に信じたのか。研究者たちは最近、この実験の fMRI を利用したバージョンを再度行った(75)。脳をモニターすることで、被験者が集団に順応するという「最終決定」を下しているかどうか、あるいは被験者の知覚が実際に変わったのかどうかを見分けることができるかもしれない、というわけだ(76)。結果は、被験者の多くが実際に集団に順応するために別様な仕方で世界を認識するようになる、ということを示したのである。同調圧力は、被験者の意思どころか視覚をも歪めたかもしれないのだ[77]。

これらの発見は恐るべきものである。人々は、ただ同調圧力ゆえに、目の前の単純なエビデンスを否定させられうるのだ（あるいは、実際に別様な仕方で世界を認識するようになるのだ）。政治的信念を形成することとなると、その影響はいっそう強いものとなるに違いない。

なぜ政治的非合理性は合理的なのか

政治心理学は、私たちにはヴァルカンになる傾向性がないことを示している。だが努力することで私たちは認知バイアスを乗り越えることができる。けれども問題は、政治について思考するときに私たちの認知バイアスを克服しようとするインセンティヴが弱いということにある。大半の人々にとって、政治について無知であり続けることが道具的に合理的であるのと同様に、バイアスにふけることは道具的に合理的である。カプランの言い方だと、人々は合理的に非合理的なのだ[78]。

ある人が合理的に非合理的なのは、認識的に非合理的であることがその人にとって道具的に合理的であるときである。道具的合理性とは目的に資する行為指針をとることに関わる。認知的合理性とは、利用可能な最善のエビデンスの科学的評価を利用した、誤謬を回避しかつ真理を探し求めることを目的とする信念形成に関わる。認識的に非合理的な仕方で信念を形成することは、私たちにとって時として便利——道具的に合理的——でありうる。たとえば、原理主義的な神権君主国、あるいは、それに近いなにか（中世のヨーロッパの大部分あるいは今現在のサウジアラビアといったところ）のもとで生きていると仮定してほしい。そのような場合、神権国家が求めることならなんであれ、それにあなたの信念を順応させることが、あなたの最善の利益になるだろう。たとえエビデンスがその信念を支持しなくても、である。

私たちの日々の生活では、認識的に非合理的だとしっぺ返しをくらいがちだ。もしあなたが、交際上重要なのは見た目だけだと思うならば、ろくな関係を持つことにならないだろう。ペニー株を買うことが金融で成功する鍵だという信念に思いふける人は、お金を失うだろう。祈禱によって肺炎を治癒できるという信念に思いふけるクリスチャン・サイエンスの信徒は、自らの子どもたちが死ぬのを目にすることになるだろう、等々。それゆえ、これらの事柄についてもっと合理的に思考するよう、私たちは現実から規律されている傾向にある。

だが不幸なことに、政治では、私たち個々人の政治的影響力はとても低く、バイアスや非合理的な政治的信念にふける余裕がある。バイアスを乗り越えるには時間と努力を要する。しかし、合理性は割に合わないので、大半の市民たちは政治について合理的であろうとする労力を費やさないのだ。

議論のために、マルクス主義経済理論が誤っていると仮定しよう。マルクス主義者の候補を選出すると、尋常ならざる惨事がもたらされる――経済は破壊され、死と苦しみが広まる――と想像してほしい。しかしここで、マークが認識的に非合理的な根拠に基づいてマルクス主義を信奉している――彼はマルクス主義を支持するエビデンスを持っていないのだが、彼の既存のバイアスや態度に適合している――と想像してほしい。マークはマルクス主義者であることを少しだけ楽しんでいると仮定しよう。彼は、マルクス主義者であることに、たとえば五ドルほどの価値を見出しているとしよう。マークとしては、バイアスを克服し考えを変えるつもりがないわけではないが、そうするのはマルクス主義者であることに五ドル以上のコストがかかりだした場合だけである。さて、破滅的なマルクス主義の候補者か良識あるありふれた民主党の候補者のどちらかに票を投ずる機会をマークが得たと仮定しよう。マルクス主義者が勝つとマークにとっては大惨事がもたらされるが、マルクス主義者に投票することは彼にとってはそうではない。マークの投票の重要性はあまりにも小さいので、マルクス主義者に彼が投票することによって有害な結果がもたらされる期待値は極めて小さい。民主党に投票することが有する期待値が極めて小さいのと同様だ。マークはやはりマルクス主義者であり続けるだろうし、マルクス主義者に投票し続けるだろう。

ここでも問題は、マークに当てはまることが私たち全員に当てはまるという点にある。私たちはほとんど誰も政治的情報を合理的に処理するインセンティヴを持っていないのである。

少なくとも、投票者は（ある意味）善意で動いている

政治学者たちは多様な方法を用いて投票者の行動についての膨大な経験的研究を実施してきた。その政治学者たちが圧倒的に支持する結論が、投票者は利己的に投票していないというものだ(79)。かわりに、投票者はナショナリスト的で向社会的《ソシオトロピック》な傾向にある。つまり、投票者は自己利益よりもむしろ国益にかなうと自分が理解したものに投票する傾向にあるのである。

これは驚くべきことだと思われるかもしれない。なんといっても、大半の人々は日常生活ではもっぱら利己的である。それゆえ、人々が投票者として利他的だとすると、説明が必要になるだろう。幸運にも、説明は私たちの目の前にある。ちょうど議論したように、個々人の投票は重要ではない。合理的で利己的な人々は利己的に投票しようとしない。そういった人々は全く投票しようとしないのだ。なぜなら、利己的に票を投じるコストが投票から期待できる便益を上回るからである。このことを説明するために、ある大統領候補が、仮に当選したら私に一〇〇〇万ドルを与える約束をしたと仮定してほしい。その候補者が勝つことは私にとって一〇〇〇万ドルの価値があるが、その候補に投票することには私にとって一銭の価値もない。投票に行くよりも家にいてラフロイグでも飲んでいたほうが、はるかに私が自身の利害関心を促すことになる。

このことは他の市民たちにもあてはまる。もし市民たちがわざわざ投票するとすれば、それは義務感あるいは帰属意識から生じたものであるか、イデオロギーを表明するため、あるいは政治的部族へのコミットメントを示すためだろう。私たちの投票が重大なものになることはないので、利己的ではない利他的な投票に、なにかプラスアルファのコストがかかることはない。

投票者は一般的に自らの狭い自己利益ではなく共通善を促進しようとするが、そのことは、実際にそうすることに成功していることを意味しない。投票者が投票するときには、投票者は政策選好と結果選好とでも呼びうるものの両方を持っている。

政策選好：投票者が候補者に支持してほしい政策と法のセットで、たとえば遺産税を引き上げること、支出をカットすること、関税を引き上げること、あるいはアフガニスタンでの戦争をエスカレートさせることなどである。

結果選好：投票者が候補者に実現してほしい帰結で、全員の経済状況を改善すること、暴力犯罪を減らすこと、経済的平等を促進すること、テロリズムの危険を減らすことなどである。

投票者がナショナリストで向社会的《ソシオトロピック》だという主張は、投票者の結果選好について述べている。この主張が明らかにするのは、投票者が選出された公職者に望んでいることは全世界の共通善あるいは投票者の狭い自己利益というよりも自国の共通善に対する奉仕だ、ということである。だがこのことは、良い政策選好を持つうえで十分な知識を投票者が有していることを意味しない。ある政策が実際には私たちにとって好ましい結果を掘り崩すときに、私たちはその政策が好ましい結果につながると間違って信じていることがままある。たとえば二〇〇八年に、共和党の支持者たちは、税と政府歳出を削減することが同時に経済的成長を刺激するだろうと心から信じていた。民主党の支持者たちは、税と歳出を増やすことが経済的成長を刺激するだろうと心から信じていた。どちらも正しいということはありえないのだが。

ホビットとフーリガン

第一章で、私は公衆がホビットとフーリガンに分かれていることを論じた。もう一度繰り返すと、ホビットは一般的に知識をほとんど有しておらず、概して政治をほとんど気にかけない。フーリガンは一般的により豊富な知識を有しており政治について強い意見を持っているが、政治的情報の評価と処理の仕方にバイアスがかかっている。

本章では、政治学と政治心理学の多数の知見をレビューしてきた。私が示したのは次の点である。

・人々の圧倒的多数は政治についての初歩的な知識すら持ち合わせておらず、また、そのうちの多くの人々は誤った知識を有している。
・一部の人々は他の人々よりも多くの知識を有している傾向にある。知識は関心に強く結びついている。つまり、人々が政治的知識を得るのは、第一義的にはそれを興味深いと感じるからである。
・大半の人々は政治的情報をバイアスのかかった仕方で処理している――自分の現在のイデオロギーを強化するような仕方で、である。
・政治において最も活動的な人々は、めったに対立する観点を持った人々とは対話しないし、誰かが自分たちと見解を異にしうるのはなぜかを説明することができないような、熱狂的な信者である傾向にある。

これらの事実だけで、ホビットとフーリガンの間の線に沿ってアメリカ人を二分することができそうなくらいである。ほとんど全員が、バイアスがかかった非合理的な性向を有している。半分より若干多いアメリカ人が、しかしながら、政治についてなにも知らないかあるいはそれ以下で、残りの人々は政治についてある程度のことを知っている。いまや全体像を把握する上で欠けていることは、人々のイデオロギー的選好の強度についての情報だけである。

政治的意見についての最も有名な研究の一つにおいて、コンバースが発見したことによると、

> 広範な政治的重要性をもつどんな個別イシューにおいても、公衆は二つの集団のうちの一つへと分けられる。第一の集団は、自分の意見を持っておりその意見に強くしがみつく。第二のより大きな集団は、問題となっているイシューに極めて無関心で、いざ迫られるとすぐさま無知を告白するか、もしくは当惑からか見当違いの市民的責務からかとっさに態度をでっち上げる――本物の態度ではなく「無態度（nonatitude）」だ。コンバースは、公衆の大部分が「相当の期間、エリートの間で激しい政治的議論が生じる原因となってきたイシューについてすら、意味ある信念を有していない」と結論を下した[80]。

なにかしらの意見を持っているのは人々の中でもごく少数に限られるというわけではない。むしろ、そこにはグラデーションがある。豊富な知識を有している市民は強固な意見を多数持っている傾向にある。知識の乏しい市民はより少なくかつより弱い意見しか持たない傾向にある。平均的な市民はその間のどこかにいる。後続の研究はこのことを確証する傾向にある[81]。

こんにち、自分を政治的に党派的な存在だと考えるアメリカ人の数はどんどん減っている。最近のギャラップ調査では、記録的なことに、アメリカ人の四二パーセントが、共和党支持や民主党支持と

いうよりも、政治的には無党派層であると自認している。[82] 過去四〇年に渡り、自らを無党派層だと考える市民の割合は増加傾向にある。だがさらなる研究の示すところによると、自らを無党派層に分類するこのような人々のほとんどすべてが、本当の意味での無党派層というより弱い党派性を持った存在である。[83] 弱い党派性を持った人々は自らを無党派層だと考えるが、ほとんどいつも同じ政党に票を投じているのだ。弱い党派性を持った人々はホビットとフーリガンの中間にいる。弱い党派性を持った人々、無党派層に近い人々と、本当の無党派層は、政治にはそれほど参加しないし強い党派性を持った人々よりも投票に行かない傾向にあるが、知っていることもまた乏しい。[84]

結論

デモクラシーは、政治的権力の根本的な分け前を平等に授けることで各人に力を与える。だが、これはやはり小さな分け前なのだ。その分け前がとても小さいせいで、市民にはその権力を責任を持って利用するインセンティヴがほとんどない。

投票と大気汚染は共通点が多い。いま私が仕事をしている、合衆国で最もスモッグの多い都市、ワシントンDCを考えてほしい。地域には重工業はほとんどなく、スモッグのほぼすべては車の排気管から排出されている。DCのラッシュアワーの交通渋滞は悪名高い。ドライバーたちは集合的に汚染を引き起こしているが、なにか重大な違いをもたらしている一人のドライバーがいるわけではない。もし私が唯一のドライバーなら、私のターボチャージャー付きのスポーツセダンを思う存分運転でき、しかも目立った汚染はなんら引き起こされないだろう。そしてこれはすべてのドライバーにとっても言えることなのだ。私たちがどれほど汚染するかは大きな違いをもたらすが、個々人にしてみれば彼らがどれほど汚染するかはなんら違いをもたらさない。だから各個人には汚染を止めるインセンティヴがほとんどない。

デモクラシーはこのことによく似ている。投票者たちが無知で非合理のままなのは、デモクラシーが彼らに無知で非合理のままでいるインセンティヴを与えているからだ。それゆえ、私たちは次のように尋ねなければならない。では、どうすればよいのだろうか、と。

一部の政治理論家と政治学者の考えによると、必要なのは人々に対話をさせることであるという。対話をすれば、人々は自らの無知と非合理性を乗り越えうるのだそうだ。第三章で、私は、そのような対話は事態を改善するどころか悪化させる傾向にあると論じる。別の理論家たちによると、たとえ大半の投票者がホビットかフーリガンであっても、デモクラシー全体はあたかも人々がヴァルカンであるかのようにふるまうから、私たちは心配する必要はないという。第七章で、私はそのような議論はほとんど間違っていると主張する。

もしそのような主張をする人々が間違っているとすると、次に私たちはこう問う必要がある。大気汚染をコントロールするために私たちが排出規制をするように、投票汚染をコントロールするために私たちは投票規制をするべきなのだろうか、と。

注

(1) もちろん、ドライバーたちが完璧でない理由の一部には、保険をかけているということがある。経済学者のゴードン・タロックが冗談めかすように、自動車にとって最適な安全装置は——事故を減らす上で最善の役割を果たしうる装置は——すべての乗り物のステアリングホイールに六インチのスパイクを取り付けることだろう。

(2) Converse 1990, 372.

(3) Somin 2013, 17〔邦訳一七頁〕.

(4) Ibid., 17-37〔邦訳一七—三八頁〕.

(5) Bartels 1996, 194.

(6) Friedman 2006, v.

(7) Converse 1990, 3で引用されている。

(8) Hardin 2009, 60.

(9) Somin 2013, 17-21〔邦訳一七—二三頁〕.

(10) Somin 2004, 3-4.

(11) Somin 2013, 22〔邦訳二二頁〕.

(12) "Americans Stumble on Math of Big Issues," *Wall Street Journal*, January 7, 2012.

(13) Page and Shapiro 1992, 10.

(14) PR Newswire, "Newsweek Polls Americans on Their Knowledge of Being American: 38 Percent Failed," http://www.prnewswire.com/news-releases/newsweek-polls-americans-on-their-knowledge-of-being-american-38-percent-failed-118366914.html(二〇一五年一二月三一日最終アクセス).

(15) Somin 2013, 29〔邦訳二九—三〇頁〕.

(16) Newsweek staff, "Take the Quiz: What We Don't Know," https://www.newsweek.com/take-quiz-what-we-dont-know-66047(二〇一五年一二月三一日最終アクセス).

(17) Somin 2013, 31〔邦訳三二—三三頁〕.

(18) Ibid., 32〔邦訳三三頁〕.

(19) たとえば、Althaus 2003, 11を参照。

(20) Pew Research Center, "What Voters Know about Campaign 2012," https://www.people-press.org/2012/08/10/what-voters-know-about-campaign-2012/#knowledge-differences-between-voters-and-non-voters（二〇一五年一二月三一日最終アクセス）.

(21) Somin 2013, 42〔邦訳四三—四四頁〕.

(22) Ibid., 92〔邦訳九五頁〕.

(23) Caplan 2007a, 5〔邦訳一三頁〕.

(24) Juan DeJesus, "1 in 4 Americans Don't Know Who We Fought for Independence," https://www.nbcnewyork.com/news/local/Mari-97694414.html（二〇一六年一月一日最終アクセス）.

(25) Caplan 2007a.

(26) Zogby Analytics, poll, July 21–27, 2006.

(27) Somin 2013, 102〔邦訳一〇六頁〕.

(28) Ibid., 19〔邦訳一九頁〕.

(29) Caplan et al. 2013.

(30) Ibid.; Healy and Malholtra 2010.

(31) Somin 2013, 18–21〔邦訳一八—二三頁〕.

(32) Ibid., 20〔邦訳二〇—二一頁〕.

(33) "Ask a Librarian,"（http://asklib.hcl.harvard.edu/a.php?qid=137327）〔リンク切れ。リンク移転先は次だと思われる。https://ask.library.harvard.edu/faq/82185. 二〇二三年三月二九日最終アクセス〕.

(34) 一部の人は、一票は政治家の委任の度合いに影響力を及ぼしうると反論するかもしれない。だが政治学者はそのような委任が存在することには懐疑的である。Mackie 2009を参照。アレキサンダー・ゲレーロは、一個人の投票によって議員が有する規範的権威の種類が変わる可能性がある、と論じる（Guerrero 2010）。ゲレーロの理論に深入りするまでもなく、問題は、ゲレーロが一個人の投票が重要となることを依然として示していないことにある。もし彼が、投票の数あるいは割合に代表者の規範的権威が変化するなんらかの閾値があると考えているなら、その場合、均衡を破る決定的な一票が投じられる場合と同様に、一個人の投票がその閾値を決定的に乗り越える確率はとてつもなく小さくなるので、ゲレーロの説明でも一個人の投票の価値はとてつもなく小さいと考えられることになる。他方で、もしゲレーロが一票ごとにわずかながらも規範的権威が変化していくと信じるなら、彼は限界便益が限界費用を上回ることを示す必要がある。しかし彼はしていない。したがって、ゲレーロによる投票の合理性の擁護は失敗している。

（35） Brennan and Lomasky 2003, 56–57, 119 を参照。

（36） Ibid.; Landsburg 2004.

（37） Gelman, Silver, and Edlin 2012 を参照。

（38） Althaus 2003, 11–12.

（39） Ibid., 11.

（40） Ibid.

（41） Ibid., 16; Delli Carpini and Keeter 1996, 135–77. たとえば、どの政党がより保守的かを判別できる黒人は四〇パーセント以下だったが、白人は過半数ができた（Delli Carpini and Keeter 1996, 166）。一九八八年の調査では、高所得でより高齢の男性の平均スコアは、低所得の黒人女性の平均スコアの三倍近くであった（Ibid., 162）。Delli Carpini and Keeter 1991; Neuman 1986; Palfrey and Poole 1987; Althaus 1998 も参照。

（42） Gilens 2012, 106–11.

（43） Althaus 2003, 129; Caplan 2007a. アルトハウスとカプランの両者とも人口統計学的要因の影響を補正している。

（44） Mackie 2009, 8.

（45） Murray 2012.

（46） Somin 2013, 83〔邦訳八六頁〕.

（47） Lodge and Taber 2013, 169.

（48） Huddy, Sears and Levy 2013, 11.

（49） Jonathan Haidt, "The New Science of Morality," *Edge*, http://www.edge.org /3rd_culture/morality10/morality.haidt.html〔リンク切れ。なお同様の文は次でも読むことができる。https://www.edge.org/video/the-argumentative-theory. 二〇二二年三月二九日最終アクセス〕. ハイトはメルシエとスペルベルの研究を要約している（この研究をハイトは支持している）。

（50） Westen et al. 2006; Westen 2008.

（51） Haidt 2012; Westen et al. 2006; Westen 2008.

（52） Tajfel 1981, 1982; Tajfel and Turner 1979.

（53） Chong 2013, 111–12, citing Cohen 2003.

（54） たとえば Taber and Young 2013, 530; Lodge and Taber 2013, 149–69 を参照。

（55） Somin 2013, 78–79〔邦訳八〇—八二頁〕.

（56） Ibid., 79〔邦訳八一頁〕.

（57） Noel 2010, 12–13.

（58） Mutz 2006, 128 を参照。

（59） Ibid., 120.

（60） Ibid., 92, 110, 112–13.

（61） 自発的結社に参加すればするほど、その人は党派横断的な議論には参加しなくなる。党派横断的な政治的対話に人が参加することを予測するうえで最適な人口統計学的要因はなんだろうか。一見したところでは、白人ではないこと、貧しいこと、学歴が低いことである。この理由は、白人で、豊かで、高等教育を受けた人びとは、他者との様々な相互行為をより自由にコントロールできるからである。一般的にいって、党派横断的な政治的議論を人々は楽しまない。人びとが楽しむのは意見の一致だ。それゆえ、生活を最も自由にコントロールできる人々は、党派横断的な会話には参加しないことを選ぶのだ。Ibid., 27, 31, 46–47 を参照。

（62） Althaus 2003, 9–14.

（63） Lord, Ross, and Lepper 1979; Taber and Lodge 2006.

（64） Nyhan and Reifler 2010; Bullock 2006; Amanda Marcotte, "According to a New Study, Nothing Can Change an Anti-Vaxxer's Mind," https://slate.com/human-interest/2014/03/effective-messages-in-vaccine-promotion-when-it-comes-to-anti-vaxxers-there-are-none.html（二〇一六年一月二日アクセス）.

（65） Kahan et al. 2013.

（66） Train, "Calling All Angels," My Private Nation, Columbia Records, 2003.

（67） Tversky and Kahneman 1973.

（68） Costs of War Project, Watson Institute for International and Public Affairs, http://watson.brown.edu/research/projects/costs_of_war（二〇一六年一月二日アクセス）.

（69） Mueller and Stewart 2011.

（70） Krause 2013.
（71） Erisen, Lodge, and Taber 2014; Taber and Lodge 2006.
（72） Kahneman 2003, 1458から採った。
（73） フレーミング効果のデモクラシーに対する影響についての研究と議論の包括的概観として、Kelly 2012を参照。
（74） Asch 1952, 457–58; Asch 1955, 37.
（75） Berns et al. 2005.
（76） 注（75）の被験者たちはメンタル・ローテーション〔二次元ないしは三次元の物体イメージを頭の中で回転させる能力〕の課題を与えられた。コンピューター画面上の二つの物体が異なるのか、単に同一の物体が別角度へと回転しているだけなのかを見分けるのである。基準誤答率は平均一三・八パーセントだった。間違った情報が実験協力者の集団によって与えられたときの誤答率は四一パーセントで、コンピューターによって与えられたときの誤答率は三二パーセントだった（ibid., 248）。集団に同調した理由を尋ねられたとき、一部のトライアルでは、八二・八パーセントの人が自分は正しいと確信しており、偶然集団も同じ答えだったのだと答えた。また一部のトライアルでは、五八・六パーセントは、答えに確信を持てていなかったが集団と同調すると決めたと答えた。そして、自分が正しいと確信していたが、にもかかわらず集団に同調することを決めた人が三・四パーセントいた。外部に情報が存在することによって、知覚の仕事を司ることが知られている脳の頭頂部と後頭部における活動が減少することが示された。著者によれば「（頭頂葉と後頭葉という）最後部でのみ社会的順応の影響が検知されたことは衝撃的だった」（ibid., 251）。「より前頭部において付随的な活動の変化がなかったことは、すくなくとも部分的には、知覚に基づいて〔脳内での〕処理がなされたことを強く示唆するものだった。もちろん、前頭葉での活動の変化が私たちの検知閾値以下の水準で起こっていた可能性もあるのだが、三二人の参加者がいるため、これはありえそうにないと考える」（ibid.）。
（77） おそらく、歪みなく真理を探知できることには重要な進化上の利点がある。だが、おそらく「うまくやっていくために周囲と歩調を合わせる」ことができるのも重要な進化上の利点なのである。
（78） Caplan 2007a.
（79） Chong 2013, 101; Funk 2000; Funk and Garcia-Monet 1997; Miller 1999; Mutz and Mondak 1997; Feddersen, Gailmard, and Sandroni 2009; Brennan and Lomasky 2003, 108–14; Green and Shapiro 1994; Markus 1988; Conover, Feldman, and Knight 1987; Kinder and Kiewiet 1979; Huddy, Jones, and Chard 2001; Rhodebeck 1993; Ponza et al. 1988; Sears and Funk

1990; Caplan 2007a; Holbrook and Garand 1996; Mutz 1992; Mutz 1993; Mansbridge 1993; Citrin and Green 1990; Sears et al. 1980; Sears and Lau 1983; Sears, Hensler, and Speer 1979.

(80) Kinder 2006, 199 に引用されている。

(81) Jennings 1992; Converse and Pierce 1996; Zaller 1992.

(82) Jeffrey M. Jones, "In U.S., New Record 43% Are Political Independents," Gallup, January 7, http://www.gallup.com/poll/180440/new-record-political-independents.aspx（二〇一六年一月一一日アクセス）.

(83) Noel 2010, 12-13; Keith et al. 1992.

(84) Somin 2013, 112〔邦訳一一六頁〕.

第三章　政治参加は堕落をもたらす

ミルは、ほとんどの人々は歴史や社会科学や政治についての知識に乏しいことを――第二章でみたように正しく――憂慮していた。彼は、自らの時代の典型的なイギリス国民はホビットであると考えた。ホビットであることはなにも間違っていないと私なら考えるのだが、ミルはエリート主義者であり卓越主義者であった(1)。彼はイギリスのホビットをヴァルカンに変身させることを望んだのである。ミルは、政治に携わることによって市民がより広い観点を身につけ、他者により共感し、そして共通善により強く配慮するようになることを望んだ。政治参加が市民の批判的思考の技術を高め、知識を増加させることを望んだのである。

これらの理由からミルは、私が教育説（education argument）と呼ぶものを提唱した(2)。その最も広く一般的な形は次のようなものである。

1. 市民的・政治的活動は、他者の利害関心について広い視野を持ち、また共通善を促進する方途を探求することを市民に要求する。これは長期にわたる思考と、道徳的・哲学的・社会科学的問題への取り組みを要求する。

2. そうであるならば、市民的・政治的活動は市民の徳を向上させ、より多くの知識を持つようにさせる傾向を持つ。

3. したがって、市民的・政治的活動は市民の徳を向上させ、より多くの知識を持つようにさせる傾向を持つ。

教育説はポピュラーな議論である。十九世紀の歴史家であり『アメリカのデモクラシー』の著者であるアレクシ・ド・トクヴィルも、多くの留保条件をつけつつも教育説を提唱した。(3) 現代の政治理論家の多くも教育説の一種を受け入れている。(4) 現代の理論家のほとんどは、たとえば私たちを啓発ないし教育すると思われる特定の〔政治〕参加の形態を詳らかにすることによって、教育説の前提をより精確で厳密なものにするよう試みている。

教育説はもっともらしく聞こえる。しかしながら、教育説の是非は人々が実際にどのような存在であるかに依存している。政治参加が人々を改善する傾向を持つことはありうるが、なんの効果もないこともありうるし、参加の促進が人々を劣化させることもまたありうる。

本章では、政治参加の最も一般的な形態は、人々を高潔にさせ教育するよりも、腐敗させ無能にする見込みが高いと主張する。政治参加はホビットをヴァルカンではなくフーリガンに変化させ、フーリガンをヴァルカンではなくより低劣なフーリガンに変化させる見込みが高い。教育説の支持者の多くはこの点に同意するであろうが、それに続けて、この事実は単に政治的活動と議論の環境を整える正しい方法を発見する必要性を示しているだけである、と異論を唱えるであろう。これに対しては、人々を教育し啓発するよう市民的・政治的活動の環境を整えることは原理的にはもちろん可能であるが、私たちはそれを行う方法を知らないように思われるし、研究者たちが提唱するほとんどの活動は失敗する傾向を持つと論ずる。

教育説は事実に依存する

教育説は哲学者と理論家の間でポピュラーであるものの、実のところは哲学的な議論ではない。というのも、概念の分析や、直観との照合や、道徳的価値の含意の検討や、政治理論史の読解を通じた議論の経時的展開の把握によっては、教育説の正しさを確かめることはできないためである。

むしろ、教育説は社会科学的な議論である。それによれば、参加はなんらかの望ましい帰結をもたらすため価値がある。それが実際に望ましい結果をもたらすか否かは、原理的には社会科学的方法を用いてテストすることができる。そのため、教育説の支持者はいずれも関連するエビデンスを示す必要があり、それがないのであれば、教育説が正しいか否かはわからないと考えなければならない。

教育説を最も好意的に理解するならば、それは論争的ではあるが潜在的には正しい経験的主張である。それによれば、参加は人々がより多くを学び、またより合理的になる原因となる。教育説は論争的で実証的な主張に依拠しているため、その支持者はいずれも挙証責任を負う。参加が実際にこれらのポジティブな効果をもたらすことについての、通常の社会科学的吟味に耐えうるエビデンスが示されなければならない。市民が参加の度合いを高める場合には、他者の利害関心についてより広い視野を持ち、共通善を促進する方途を探求し、長期にわたる思考を行い、道徳的・哲学的・科学的問題に取り組むようになる傾向があることを示す強い経験的エビデンスが示されなければならないのである。

理想的には、教育説の支持者の誰かが、どのような形態の参加が人々を高潔にさせ、また教育すると考えられるかについての詳細な提案を示すであろう。またその支持者は、いかにしてそれらの参加形態が私たちを高潔にさせ教育すると考えられるかを説明し、最終的にはそれらの参加形態がまさにそのような仕方で私たちを高潔にさせ教育することについての十分な経験的エビデンスを示すであろう。それらが行われず、説得力のあるエビデンスが存在しない場合には、私たちは教育説を受け入れるべきではない。

参加が私たちに与える影響を測定する方法がわからず、したがってミルが正しいのか誤っているのかわからないと仮定してみよう。そのような場合でも、私たちは教育説を受け入れるべきではない。適切なエビデンスなしにはパレオダイエット〔＝旧石器時代の人々の食生活を真似るダイエット〕が私たちを健康にすると信じてはならないのと同様に、適切なエビデンスなしには政治参加が無知と悪徳を治癒すると信じてはならない。

単なる参加は知識を向上させない

単に投票させることは、人々がより見識を持つようになる原因となるだろうか。

第二章でみたように、投票しない市民に比べ投票する市民はより多くの知識を持つ傾向にある。[5] しかしながらこれは、参加が人々の知識を向上させる原因となることを示すのに十分ではない。第二章では、より政治に関心を抱く人々は、より多くの知識を持ち、またより参加する見込みが高いことが明らかにされた。このエビデンスは、投票者は投票するから多くの知識を持っているのではなく、政治を好むからより頻繁に投票し、またより多くの知識を持っていることを示唆する。教育説を裏づけるためには、政治参加がさらなる学習の原因となるエビデンスが必要となる。

この問題を類似の問題と比較してみよう。哲学科の多くは、哲学を専攻すると賢くなると説いてそれを選択するよう説得を試みる。実際に、哲学専攻の学生はGRE〔大学院進学適性試験〕で最高の総合スコアをとっており、またLSAT〔法科大学院進学適性試験〕、MCAT〔医学大学院進学適性試験〕、およびGMAT〔経営大学院進学適性試験〕においても最高レベルのスコアをとっている。[6] 哲学専攻の学生は賢い傾向があるのだ。しかしながらこれらのテスト結果それ自体は、哲学が人を賢くするエビデンスとならない。問題は、学生が専攻を選択するのであって、専攻が学生のために選ばれるのではない点に存する。学生は自分が興味深いと感じ、また得意である事柄を専攻する傾向にある。したがって、哲学専攻を選択する学生が既に論理学や数学や批判的推論——これらは共通テストがテストする事柄そのものである——を得意とするため哲学科の学生が共通テストに秀でていることはありうるし、またもっともらしくもある。心理学の用語で言えば、哲学科の学生が高いスコアをとることは、それが処置効果によるものなのか——つまり哲学が人を賢くするのか——、選択効果によるものなのか——つまり賢い人が哲学を専攻するのか——を未決のままとする。

実際に、選択効果についての強いエビデンスが既に存在する。哲学を専攻するつもりの高校生は、SAT〔大学進学適性試験〕において、物理学を除けば、ほかのどの専攻に関心を抱いている高校生たちよりも高い平均スコアをとっている。[7] ただそうであったとしても、選択効果に処置効果が上乗せされること——つまり哲学専攻の学生は当初より賢いが、哲学を学ぶことによってより賢くなること——はありうる。

原理的には、哲学が実際に人を賢くするのかテストすることは可能である。学部生の元々のスコアを集め、異なる学問を専攻するよう強制し、それが最終的なスコアに与える影響を観察するような、膨大な数の学部生を対象とした実験を行うことは可能ではあろう。しかしながらこの実験が大学の倫理委員会の承認を得られることはまずないであろうが。

ここでの議論にとって幸運なことに、政府は大学の倫理委員会の倫理的基準には縛られていない。いくつかの政府は市民に投票を強制しているのであり、これが、市民に投票させることがより高いレベルの知識を獲得する原因となるか否かのテストを可能にする。

テストの結果は否定的である。政治学者のサラ・バーチは、『全員参加』という包括的な著作において、義務投票制は投票者の知識を向上させるかを検証しているほぼすべての公刊論文をレビューし、義務投票制は投票者の知識を向上させないと結論づけた。バーチはさらに、義務投票制は個々人が政治家にコンタクトをとる性向や、他者と協力して問題に取り組む性向や、選挙活動に参加する性向にいかなる重要な効果も与えないとも結論づけている。[8] 関連する近年の研究において、政治学者のアナベル・レーバーは義務投票制に関する経験的研究をレビューし、義務投票制は「政治的知識や利害関心［や］選挙結果にいかなるめぼしい影響」も与えないと結論づけている[9]。

つまり、もし市民が投票するようになったとしても、それ自体では市民が政治についてより多くの関心を抱く原因となったり、またより多くを学習する原因となったりはしない。この種の参加は教育的便益を伴っておらず、また卓越的便益を伴っているエビデンスもない。

熟議デモクラシー

教育説の支持者の多くはこの結果をみても平然としているであろう。それらの支持者は、参加が私たちを教育し啓発するためには投票だけでは十分ではないと論ずるであろう。対話が、そして熟議デモクラシーが必要である、と。

熟議デモクラシーとは、アイデアを提示し、それらのアイデアについて議論し、その賛否を衡量し、互いに耳を傾け、固定観念なしに相互のアイデアを批判するために人々が集まるデモクラシーの様々な形態を意味する。ほとんどの熟議デモクラシー支持者は、市民が互いに感情に流されず科学的な仕方で議論し、その結果なにが行われるべきであるかについてのコンセンサスに達する、という理想を提唱している。熟議デモクラシー支持者は、デモクラシーは包摂的でなければならない――それはすべての人種、ジェンダー・アイデンティティ、宗教、社会経済的地位、その他にまたがる広い範囲の人々を包摂しなければならない――と信じる。

エレーン・ランデモアは、「熟議は……アイデアと情報のプールを拡張し、……良い議論と悪い議論を選り分け、……『より良い』ないしより『理にかなった』解決策についてのコンセンサスへと［導く］……ものであるとされる」と述べている。(10) ベルナール・マナン、エリー・スタイン、そしてジェーン・マンスブリッジは、民主的熟議は訓練と教育のプロセスであると主張している。(11)［1］ジョシュア・コーエンは、「他者を説得するための理由を提示する必要は、人々が熟議手続きに持ち込む動機の形成を助ける」と主張する。コーエンはまた、理想的熟議手続きには「市民のアイデンティティと利害関心を共通善に貢献するような仕方で形成する」ことが期待できるとも考えている。(12) ヤン・エルスターは、民主的熟議では共通善への訴えかけを通じて提案を行う必要があり、また市民が（単なるリップサービスではなく）実際に共通善に配慮していない限りそのような形で提案を擁護することは困難であると論じている。(13) エイミー・ガットマンとデニス・トンプソンは、仮に熟議がコンセンサスを生み出すことに失敗したとしても、一般的にいってそれは市民がお互いをさらに尊重するようになる原因となると主張している。(14)

熟議デモクラシー支持者は単に人々が政治について話すのみならず、熟議をすることを求める。熟議という言葉には整然とした理性に導かれたプロセスを思わせる響きがあり、熟議デモクラシー支持者は政治的熟議の方法についての要求度の高い理想を受け入れる傾向にある。したがって、たとえばハーバーマスは、熟議参加者は次の諸ルールを遵守しなければならないと論じている。

・発話者は一貫していなければならず、自らと矛盾してはならない。
・発話者は同様のケースを同様に扱わなければならない。

・発話者は、それらすべてが同じ事柄を意味していることを確実にするために、一貫した形で言葉と言語を使用しなければならない（コミュニケーションを妨げうる形での曖昧な言葉の使用や定義の変更があってはならない）。
・発話者は誠実でなければならず、自らが信じる事柄のみを主張しなければならない。
・発話者はある議題やトピックを議論に導入すべき理由を与えなければならない。
・発話する能力のある全員が議論への参加を許されていなければならない。
・発話者には――誠実である限り――あらゆるトピックを議論し、自らが望むあらゆる主張を行い、またあらゆるニーズを表明することが許されていなければならない。
・誰もほかの発話者を強制ないし操作してはならない[15]。

コーエンも同様のルールを提唱している。〔それによれば〕参加者は平等な発言権を持たなければならない。全員が自らの見解を支持する理由を提示しなければならず、熟議の最中で表明された理由のみが熟議の結果を決定すべきである。全員がコンセンサスへと到達しなければならず、もしそれが不可能であれば投票がなされなければならない[16]。

熟議の影響は私たちの心理に依存する

熟議は私たちを教育し啓発するという主張は直観的な魅力を持っている。ヴァルカンがいかに熟議するかを想像してみよう。ヴァルカンは完璧な科学的思考の持ち主であり、エビデンスに従って信念を割り当て、自らの信念に対して賛否両方の新たなエビデンスを探し求める。ヴァルカンは自らの信念に対して忠誠心を持っておらず、ひとたびエビデンスが信念を裏づけることをやめるのであれば、その信念を躊躇なく放棄する。

今度は、もしホビットが完璧に合理的であればどのように熟議するかを考えてみよう。ホビットは知識に乏しいが、もしホビットが単に無知であるだけで合理的ではあるのならば、熟議はホビットをヴァルカンに変化させるであろう。各々のホビットは少しであれば情報を持っているかもしれず、もし互いに情報を共有するのであれば膨大な事柄について学ぶことができるであろう。

次に、完璧に合理的なホビットとヴァルカンを一緒にした場合になにが起こるか想像してみよう。ヴァルカンは自分がホビットよりも多くを知っていることを知っているし、ホビットもまた自分がヴァルカンよりも多くを知らないことを知っている。しかしながらヴァルカンは、ヴァルカンに欠けているなんらかの情報をホビットが持っているかもしれないことも認めるであろう。ヴァルカンは、ホビットでさえも良いアイデア、意見、批判を持っていることを承認し、またホビットもこの点を承認するであろう。理想的に合理的なホビットとヴァルカンが一緒に熟議するのであれば、全員が得をするであろう。

これが多くの熟議デモクラシー支持者が思い描く討議のモデルである。人々が誠実で、合理的で、自らの見解を支持する理由を提示し、すべての発言を適切に尊重する等々のことを行うのであれば、もちろん熟議は人々を教育するであろう。人々がハーバーマスもしくはコーエンの提唱するルールに従うのであれば、ヴァルカンが熟議するような仕方で熟議するであろう。もちろん、熟議は人々を教育し啓発するであろう。

しかしながら、哲学者のマイケル・ヒューマーが述べるように、そのように描写された熟議デモクラシーは幻想のようにみえる。「熟議デモクラシーの哲学的説明を読んで目につくものが一つあるとすれば、それはこれらの描写が現実からは程遠いということである。コーエンが同定する四つの熟議デモクラシーの特徴のうち、そのいくつが実際の社会において満たされるというのか(17)」。ヒューマーが考えるに、答えはゼロである。

ハーバーマスとコーエンは、市民は自らの提案を支持する理由を提示しなければならないと述べる。彼らは、市民は熟議の過程で提示された理由のみに基づいて行うべきことを決定しなければならないと信じており、最善の議論が勝利すべきであると論じている。しかしながら実際のデモクラシーと熟議においては、誰も自らの政策提言を支持する理由を述べるよう文字通り要請されることはない。現実には、人々は良い理由を提示することなしに、もしくはいかなる理由も提示することなしに政策提言を行う。実際に、人々はしばしば「より良い議論の力」ではなくレトリックやカリスマや容姿によって動かされる(18)。

今度は、フーリガンがどのように熟議するか——フーリガンの議論を熟議と呼ぶとすればであるが——考えてみよう。フーリガンは議論を支配しようとするであろう。不合意に直面する場合には互いを無視し、嘲り、無下に扱うであろう。お互いをこけにするか、もしくは少なくとも侮辱の言葉をぶつぶつ呟くであろう。また、そうするべきである場合にも、自らの見解を支持する理由を提示し、他者の理由を受け入れることの両方に失敗するであろう。フーリガンは、それが自陣営に資するのであれば、喜んでお互いを操ろうとするであろうし、人々を混乱させるために言葉をごまかし、嘘をつくであろう。自らの立場に対立的なエビデンスに直面する場合には、フーリガンは単に頑として譲らず、怒り出すであろう。フーリガンが熟議する場合には「より良い議論の力」は無力である。問題となるのはレトリックであり、セックス・アピールであり、自陣営の宣伝である。フーリガンは、熟議する場合劣化するのである。

第二章で論じたように、政治心理学は私たちのほとんどがヴァルカンよりもフーリガンに断然似通っていることを示している。私たちは以下のものを含む数々のバイアスに左右されている。

確証バイアス：私たちは自らの既存の見解を支持するエビデンスを受け入れがちである。

反証バイアス：私たちは自らの既存の見解を反証するエビデンスを退けたり無視したりしがちである。

動機づけられた推論：私たちは自らが信じる事柄について選好を持っており、心地よく感じる信念やそれを保持することを選好するなんらかの信念に到達し、それを維持しがちである。

集団間バイアス：私たちは同盟や集団を形成しがちであり、他集団のメンバーを悪魔化する一方で自集団のメンバーに対して高度に寛大で好意的になりがちである。私たちは自集団が考えることにはなんであれ賛同するのに対して、他集団が考えることには反対する。

利用可能性バイアス：私たちは考えることが容易な物事ほど一般的に生じていると考える。ある出来事が生じていると考えることが容易であるほど、その帰結が重要であると想定する。したがって私たちは統計的推論がひどく苦手である。

事前態度効果：ある問題について強い関心を抱いている場合には、私たちはその問題についての議論をより偏った形で評価する。

同調圧力と権威：人々は権威として認識されたものや、社会的圧力やコンセンサスによって非合理的に影響を受けがちである。

政治心理学におけるこれらの遍在的なバイアスを所与とすれば、現実生活の政治的熟議は私たちを高潔にさせ啓発するのではなく、容易に腐敗させ無能にしうる。たしかに熟議は新たなアイデアと情報に合理的な仕方で向き合う機会を市民に与える。しかしながら同様に、フラタニティ〔＝主に北米の大学に存在する、男子寮に住む学生をメンバーとした社交団体〕のパーティでさえも大学生に自制の徳を実践し涵養する機会を与えるのである。

熟議デモクラシーについての経験的研究

民主的熟議が実際にいかに進行し、また人々に実際にどのような影響を及ぼすかについては膨大な経験的研究が存在する。その結果は、大部分において熟議デモクラシーと教育説を落胆させるものである。

民主的熟議に関する（二〇〇三年までの）すべての既存の経験的研究の包括的なサーヴェイにおいて、政治学者タリ・メンデルバーグは「熟議理論家が期待している便益の経験的エビデンス」は「乏しいか、もしくは存在しない」と述べる[19]。サーヴェイを通してメンデルバーグは以下の点を発見した。

・熟議は時に社会的ジレンマに直面した個人間の協働を促進するが、集団間の協働を弱体化させる。

・政治的集団を含む集団のメンバーを人々が自認する場合には、熟議は物事を改善するのではなく悪化させる傾向を持つ[20]（現実世界において人々は政治的集団のメンバーを自認する傾向があることに留意せよ）。

・集団が異なる規模を持つ場合には、熟議は対立を緩和させるのではなく悪化させる[21]（現実的な情況下では政治的集団は異なる規模を持つ傾向があることに注意せよ）。

・熟議が人々を他者の利害関心に対してより自覚的にさせることは確かである。しかしながら、ほかの経験的研究は、もし集団がいかなる議論もなしに自らの選好を単に表明しても、それは議論を伴って選好を表明する場合と同じように効果的であることを示している[22]。したがってこの場合、熟議それ自体は有用ではない。

・立場争いが議論の大部分を動かす。事実について討論する代わりに、人々は他者に対して影響力と権力を持つ立場を勝ち取ろうと試みる[23]。

・イデオロギー上のマイノリティは不相応な影響力しか持っておらず、その影響力の多くが集団の

「社会的魅力」に帰せられる[24]。

・高い地位にある個人は、実際により多くの知識を持っているかとは関係なしに、より頻繁に発言し、より正確で信頼できると捉えられ、またより多くの影響力を持つ[25]。

・熟議に際して、人々は言語をバイアスがかかった操作的な形で用いる。人々は、ほかの陣営は本質的に悪辣である（そしていかなる善良さも偶然的である）一方で、自らの陣営は本質的に善良である（そしていかなる悪辣さも偶然的である）というみかけを作り出すために、たとえば具体的表現と抽象的表現を切り替えながら用いる。もし私が友人のことを親切であると説明するのであれば、この抽象的表現は友人が日常的に親切な行動をとることを示唆する。もし私が、敵対者がオックスファムにいくらか寄付したというのであれば、この具体的表現は、この種の行動が敵対者の性格に合致しており次が期待できるのか否かを未決のままにする[26]。

・モデレーターが論争的な問題を議論するように促したとしても、集団は対立を回避しようとしがちであり、相互に受け入れられた信念と立場に焦点を当てようとする[27]。

・議論参加者が一般的に保持されている情報や信念に言及する場合には、その人は他者と比べて賢くより権威的であるようにみえる傾向があり、したがってその人の影響力が増大する傾向がある。これを受けてメンデルバーグは「ほとんどの公共的問題についての熟議において」集合的議論は知的バイアスを「中和する」のではなく「増幅させる」傾向を持つと結論づける[28]。

・熟議は――米国勢調査局のウェブサイトでみつけられる情報のような容易に検証可能な事実と統計について市民が討論する場合のような――「客観的事実の問題」について最もよく作用する。

「ほかの場合」――市民が道徳、正義、もしくはそれらの事実を評価するための社会科学的理論について討論する場合――においては、「熟議は失敗する見込みが高い(29)」。

メンデルバーグは熟議参加者による動機づけられた推論についての重要なエビデンスを説明している。自分がポピュラーではない立場にあると考える熟議参加者は熟議が始まる前により多くの下調べを行い、また積極的に他者に耳を傾ける傾向にある。しかしながらそれらの人々は自らの見解を裏づけるエビデンスを探し求める一方で、不利なエビデンスを見過ごす。それらの人々が他者に耳を傾けるのは、単にマジョリティを説得する方法をみつけたいからである。反対に、自分がマジョリティに属すると考える熟議参加者は耳を傾けることに前向きではなく、下調べもしない(30)。別の研究は、死刑の抑止効果についての新たな研究が示される場合に、死刑賛成派と反対派の両方が、既に持っている観点に都合の良いようにその研究を解釈することを示している(31)。

政治におけるその他多くの動機づけられた推論の事例をサーヴェイした結果、メンデルバーグは次のように結論づける。

既に持っている見解を補強するために理由づけられた議論を利用することは広くみられる現象であり、それは熟議への期待に対する深刻な挑戦となる。動機づけられた推論は、熟議の理論が重要視する動機――固定観念を持たず、公平で、公正になる動機――を妨げるかなりの力を持っている。既に持っている考えに好都合なものはなんであれバラ色のメガネを通してみられ、それに不都合なものはなんであれ黒ずんだメガネを通してみられるのであれば、熟議参加者は真理と正義をほとんど追求できない(32)。

要するに、人々はヴァルカンではなくフーリガンのように熟議しがちなのである。

したがってメンデルバーグは次のような考察によってレビューを締めくくる。

集団が議論する場合、それが共感を生み出し偏狭な自己利益を弱めることや、弱者に対しても参加と影響に対する平等な機会を提供することや、変化に対して開かれた形で議論に臨むことや、社会的圧力や社会的アイデンティティへの無反省のコミットメントや権力ではなく関連性のあるしっかりとした理由の交換によって影響を受けることは期待できない(33)。

メンデルバーグの経験的研究に対する見解は例外的ではない。(熟議デモクラシーに好意的な人々によるものを含む)既存の政治的文献に関するその他のレビューも同様の結果を示している(34)。それはたとえば次のようなものである。

・熟議は、人々のイデオロギーをより穏当なものに変えるのではなく、より極端なものに変える傾向にある。法理論家キャス・サンスティーンはこれを「集団極化の法則」と呼ぶ(35)。

・(たとえばポルノグラフィについての法律のような)デリケートな問題についての熟議は、討論参加者が道徳的緊急事態を装って互いに野次りあう「ヒステリー」と「感情論」にしばしば陥る(36)。

・実際の熟議においては、一部の集団はほかと比べてより強い発言権を得ることとなり、集団のリーダーはしばしば性差別的もしくは人種的にバイアスがかかった仕方で選ばれる(37)。

・熟議はしばしば熟議参加者が自らの見解と一貫しない立場――熟議参加者が「後々後悔する」立場――を選択する原因となる(38)。

・熟議はしばしば熟議参加者にそもそも正しい立場が存在するかを疑わせる原因となる。これは道徳的・政治的懐疑論やニヒリズムをもたらす(39)。

・熟議はしばしば市民を政治に対して無関心で不可知論的にし、したがって参加や行為を妨げる。対立的な観点に曝されることは、政治から距離を置くように市民を誘導する傾向を持ち、それによって市民参加の度合いが減少することとなる(40)。

・熟議の過程で、市民が単に強い特殊利益によって操られることで選好を変化させ、コンセンサスにいたることがしばしばある(41)。

・論争的なトピックに取り組ませるためにデザインされた組織だった熟議フォーラムにおいてさえ、しばしば単に市民が論争的なトピックを意図的に回避するというだけの理由でコンセンサスが生じる(42)。

・公共的熟議はコンセンサスを生み出すのではなく、内集団と外集団の形成を伴う不合意を生み出しうる(43)。それは暴力を引き起こすことさえある(44)。

・市民は熟議的な仕方で推論することを好まず、熟議が長引かないことを好む(45)。市民は熟議することを嫌う。

全体的にみて、熟議についての経験的研究は熟議デモクラシー支持者にとって不都合なものである。ほとんどの研究が、実際の熟議は熟議デモクラシー支持者が望む結果をもたらすことに失敗することを明らかにしている。実際には、熟議はしばしばそれと反対の結果をもたらす。これらの結果はしたがって教育説の説得力を弱める傾向にある。みたところによれば経験的エビデンスは、人々は適切に熟議するためにはフーリガン的でありすぎ、また熟議は人々をよりフーリガン的にすることを示しているように思われる。

一部の熟議デモクラシー支持者は、集合的投票を「討議型世論調査」によって置き換えるか、少なくとも補完することを提唱している。討議型世論調査は、たとえば千人の市民を一堂に集めて所与のトピックについて熟議させる。世論調査の主催者は熟議する集団の人口構成をコミュニティや国家全体と類似させるよう試みるが、市民はランダムに選ばれる。主催者は、多様な立場を支持する新聞記事や社会科学の論文や哲学的議論などの関連する情報源を熟議参加者に与える。モデレーターは参加者が適切に熟議するよう促し、人々が議論中のトピックから逸脱しないよう、また誰にも会話を支配させないよう試みる。この種のモデレーターによって管理された熟議が、少なくとも実験室の中で、また一部の現実世界のシナリオにおいてさえもうまく機能しうるエビデンスはいくつか存在する。

しかしながら、これらの実験を現実世界の意思決定へと応用しようと試みるのであれば、討議型世論調査は悪用の格好の標的となる。帰結を伴わない、モデレーターによって管理されコントロールされた討議型世論調査を行うことと、そのような世論調査が実際に政策を選択することは異なる。現実世界においては、政治家やそのほかの人々はアジェンダをコントロールしようとし、自らの立場に好都合な形で討論を枠づけ、自陣営に有利に働く一方で他陣営が愚かにみえるような情報を拡散することなどを試みる。第二章で検討したように、問いや討論にどのような言い回しが用いられるかによって人々は容易に立場を変える。

政治学の授業を教えている教授たちが、多様な観点に立つ資料を選び出す一方でいかに自らの観点を支持するより強固な資料を選択し、自らの意見に好都合な仕方で教える傾向にあるかを考えてみよう。教授たちは、他陣営に対して公平であることは困難であるため、公平であろうと欲する場合にもこの種のことを行いがちである。これはなにも帰結が伴わない場合にも起こるのであるが、熟議が法を決定しうる場合のように、それが実際に帰結を伴う場合にはなにが起こるのであろうか。

そうは言っても、討議型世論調査の研究は有望でもある。それは大衆参加と大衆デモクラシーの問題の多くを克服することができるかもしれない。しかしながら討議型世論調査の支持者たちは、それが私たちの問題に対する解決策であることや、政治参加は堕落をもたらす傾向を持つという私の一般的テーゼに対する反証であると主張するための十分なエビデンスをまだ持っていない。

結局のところ、私はデモクラシーとエピストクラシーの間の選択については道具主義者である。もし（なんであれそれが被る悪用と欠陥を伴う）討議型世論調査を備えたデモクラシーが、（なんであれそれが被る悪用と欠陥を伴う）エピストクラシーの最善の形よりも良い結果を生み出すことが明らかとなるのであれば、私は討議型世論調査を備えたデモクラシーを支持するであろう。もし結果が反対であるのならば、私はエピストクラシーを支持するであろう。序文で述べたように、そして後の章でより詳しく論ずるように、私たちはそのどちらがよりよく機能するのかを確信するためのエビデンスを持っていない。しかしながら、熟議デモクラシーについての既存の研究は前途有望なものとは言えない。

なぜニュートラルな結果はネガティブな結果であるのか

これまでみてきたように、熟議がしばしば私たちを無能にし堕落させ、またしばしばバイアスを悪化させより深刻な対立をもたらすことについては、豊富な経験的エビデンスが存在する。しかしながら、これらのエビデンスが存在せずニュートラルな結果のみが存在すると、議論のために仮定してみよう。つまり、熟議は教育し啓発するというテーゼのテストを経験的政治学者が継続的に試みたものの、それを裏づけるエビデンスを発見することに継続的に失敗してきていると仮定しよう。このケースにおいては、熟議は無意味で役に立たないが、少なくとも有害ではないと結論づけたくなるであろう。

研究者たちはしばしばこのような仕方で自らの発見を提示する。研究者たちは時にポジティブな結果を発見できなかった一方で少なくともネガティブな結果はなかったと主張する。結果はニュートラルであった、と。

それとは反対に、私はここでニュートラルな結果は通常はネガティブな結果であると主張する。もし人々が一緒に熟議した結果自らを教育し啓発することに失敗するのであれば、それは実際には熟議の結果人々が劣化したことを意味する。もし私が正しいのであれば、既存の熟議デモクラシーについての経験的研究は、ほかの哲学者や政治理論家や政治学者が理解するよりもずっと深刻であることとなる。

なにを信じることが合理的であるかは利用可能なエビデンスに依存する。歴史学、地質学、生物学、物理学、さらには宇宙学に触れることなしに隔離された生を営んできた子どもを想像してみよう。その子どもは、若い地球説を信奉する両親の話に基づいて、宇宙は六千年前に誕生したのであり、すべての動物は六千年前に創造されたと信じている。しかし、この子どもが歴史学、地質学、生物学、物理学そして宇宙学の授業をそれから十六年間受けたとしよう。その過程で、DNA配列を学び、グレゴール・メンデルのエンドウの実験を再現し、また化石を取り扱うなどしたとしよう。十六年の熱心な学習ののちに、それでもその人は世界が六千年前に誕生し、すべての動物たちは今ある姿で創造されたと信じ続けるとしよう。

このケースにおいては、認識論的な観点からみれば、この人は劣化している。なんと言っても、この人は進化の証拠となり若い地球説の反証となる圧倒的な量のエビデンスに直面してきたのだ。この人は考えを改めるべきであるのに、そうしなかった。十六年の学習ののちに、この人が信じていることと信じなければならないこととの間のギャップは広がった。この人の現在の信念は、授業を受け実験を行う以前である十六年前の信念よりも正当化されない。この人は認識的義務に違反しているのであり、自らの認識的集計用紙にさらなる不正を書き加えている。新たなエビデンスを得た後の方がその前よりも認識的に怠慢である。このケースにおいては、授業を受けることが認識的状況に対してニニュートラルな効果を及ぼしたと考えるのは誤っている。この人は実際には劣化しているのである。

今度は熟議の過程でなにが起こるのかを考えてみよう。多くの知識を持っている賢い人がなんらかの問題について自分と違う意見を持つことが判明した場合、人は自分の信念についての確信を弱めなければならないかを自問するであろう[46]。新たな情報とエビデンスに直面するのであれば、それに沿って信念を修正すべきである。うまく進行も機能もしない熟議であっても、ほとんどの市民は新たな議論と情報——信念を修正するか確信の度合いを弱める原因とならなければならない議論と情報——に直面する。市民は、ほかの市民の意見を、それらの人々がどれくらい専門的であり、理にかなっており、また信頼できるかという点に依拠して衡量しなければならず、それに沿って自らの信念を修正しなければならない。もし市民が信念を修正しないのであれば、認識的状況は悪化している。熟議は市民をより怠慢にしているのである。

したがって、熟議が市民の信念や信念についての確信の度合いになんらかの効果も与えないのであれば、認識的な観点からは熟議は市民を劣化させていると一般的に解釈しなければならない。大学教育を受けた若い地球説論者が教育を受けていない若い地球説論者よりも認識的に劣っているのと同様に、熟議の後で信念や信念の強度を修正しない人は熟議以前の状況よりも（通常は）認識論的に劣っているのである。

熟議デモクラシー支持者は、同様の点が熟議後における市民の道徳的状況に対しても適用されると結論づけなければならない。熟議デモクラシー支持者は通常、適切な熟議のルールは道徳的なものであると考えており、市民は熟議デモクラシーのルールに従う道徳的義務を負っていると信じている。

その見解に従えば、市民は適切に熟議する責務を負う。そうであるならば、ほとんどの市民が適切に熟議しないことが明らかとなるとすると、市民が行わなければならなかったことと実際に行ったこととの間のギャップが広がったと熟議デモクラシー支持者は結論づけなければならない。市民は自らの人生の道徳的集計用紙にさらなる道徳的不正行為を書き加えたのである。道徳的観点からみて、熟議の後ではそれ以前に比べて市民は劣化している。

「単に人々が正しく熟議していないから」

マッツは、「いまだ実現されていない様々な基準がすべて満たされる場合には政治的会話は良い結果をもたらすポテンシャルを持っていると主張することと、実際に行われているような政治的会話は市民に対して有意義な便益をもたらすと主張することは異なっている」(47) と述べている。現実の人々は（それがタウンホール・ミーティングであれ研究室の実験であれ）通常はハーバーマスやコーエンのいう適切な熟議のルールに従わず、熟議は通常は意図された結果をもたらしもしない。

熟議についての経験的研究が一般的にはネガティブな結果を与えるため、ほとんどの熟議デモクラシー支持者は幻滅して熟議デモクラシー支持者であることをやめると予想されるかもしれない。また、ほとんどの熟議デモクラシー支持者は、熟議が機能する確固たるエビデンスが存在する場合にのみ、留保条件をつけるか注意深い形で熟議を推奨すると期待されるかもしれない(48)。

これとは反対に、熟議デモクラシー支持者は前述の経験的結果をみても平然としていることが多い

（慰めになるかはわからないが、経験的な熟議デモクラシー支持者は哲学者や理論家よりもこの点で優れている）。熟議デモクラシー支持者は熟議の便益がそのうち明らかになることを前提としがちである。現実の人々がフーリガン的ではなくヴァルカン的な仕方で熟議することを保証する方法が今まさに発見されようとしているところである、ということを熟議デモクラシー支持者は前提とするのである。メンデルバーグは、「熟議が……期待されるように作用することを示すエビデンスの少なさ」にもかかわらず、また、熟議が問題を悪化させる危険性にもかかわらず、多くの理論家は現実世界における熟議の機会を減少させるのではなく増加させることを欲すると述べている(49)。

多くの政治理論家は、私たちは単に適切な熟議を必要としているだけであると述べる。経験的研究は、それ自体が示しているとおり人々は正しい仕方で熟議していない――熟議デモクラシー支持者が主張するような仕方で熟議していない――ため、熟議デモクラシーの便益とされるものを論駁したり反証したりしない(50)。たとえばランデモアは、これらの研究は「他者との真正な熟議」を生み出すために「最適な条件を整備する」方法を発見する必要性を示しているだけであると主張する(51)。メンデルバーグでさえも、熟議についての適切な経験的研究を行うことによって私たちは「熟議の成功を可能にする条件を作り出すことを期待できる」と推測している(52)。

熟議デモクラシー支持者は、人々が適切に熟議していないため、経験的研究は自らの見解を反証していないと正当にも主張することができる。結局のところ、入門的な論理学を理解している人なら誰でも以下二つの主張が両立可能であることを理解できる。

A. 人々は、適切に熟議するのであれば、教育され啓発される傾向を持つ。

B. 人々は適切に熟議せず、不適切な熟議は人々を教育し高潔にすることに失敗する。実際にはそれは人々を無能にし、バイアスを悪化させる。

私がこれまで検討してきたエビデンスはBを立証するものの、Bを立証することはAを反証することを意味しない。「PであるならばQである」という言明は、「PでなくかつQでない」というエビデンスによっては反証されない。したがって経験的研究は、適切な熟議は人を教育し高潔にすることに失敗する、ということを示さない。熟議デモクラシー支持者は、もし人々がたとえばハーバーマスの適切な討議のルールに従うのであれば、熟議は一定の教育的・卓越的便益を与えると主張し続けることができる。エビデンスそれ自体は、人々がこれらのルールに従っていないことだけを示しているのである。

この応答は正しい。しかしながら、熟議デモクラシー支持者はこれで安泰ということにはならない。この点を明らかにするために、ここでの論争のパロディを提示しよう。

シグマ・アルファ・イプシロン〔=フラタニティの名前〕は「若者に、卓越するために必要なリーダーシップ、学識、奉仕心および社会経験を与えるよう努める」。このフラタニティの支部は「メンバーを今日の社会における模範となるような紳士に変えるよう努める」[53]。シグマ・ニューは、メンバーを「愛の生を信じ、名誉の道を歩み、真理の光に奉仕する」「騎士」に変える[54]。ベータ・シータ・パイは「一本筋の通った生を送る一本筋の通った男を育てる」ことを意図する[55]。ファイ・デルタ・シータは、フラタニティが創設されて「以来一インチもぶれていない三つの柱に拠って立つ」とし、それには「高水準の道徳性の……実現」という柱が含まれる[56]。

フラタニティは通常は崇高な理念の下に築かれている。それらは平凡な男を非凡な男に変身させ、また各人の最も良いところを引き出すよう努めるのである。ほとんどのフラタニティは、メンバーの徳や学識や奉仕へのコミットメントを涵養することを意図した豊富な教育プログラムを用意している。大学の社交フラタニティは男たちをより優れた男にすることになっている。これらのフラタニティは教育的機能と卓越的機能の両方に資するものであるはずなのである。

フラタニティはこれらの理想に遠く及ばない傾向を持つ。大学フラタニティの多くは酔っぱらった女たちにつけ込む酔っぱらった男たちで溢れかえっている。大学キャンパスにおいてレイプや性的暴行を行った男たちの内、フラタニティのメンバーは不釣り合いなほどの大きな割合を占めている[57]。フラタニティに加入した学生は、ほかの男子学生と比べてより大量に、また頻繁に飲酒する[58]。フラタニティに加入した学生はほかの学生と比べて学業上の不正行為を行う見込みが高い[59]。ほとんどのフラタニティは高水準の学業に奉仕することを使命として掲げているが、一年生のフラタニティのメンバーはほかの学生と比べて、GPAと認知的能力についての様々なテストで劣る傾向にある。もっとも、このギャップは時を経るに従って狭まる傾向にはあるが[60]。これらすべてが単なる選択効果であることはありうるが、文献を渉猟するに際して、フラタニティに加入することがGPAを向上させ<ruby>る</ruby>傾向を持つというエビデンスをみつけることはできなかった。

もちろんすべてのフラタニティが同じなのではない。一部のキャンパスにおける一部のフラタニティ支部はほかと比べてましである。しかしながら、フラタニティがその卓越的・教育的目的を後押しするよりは、むしろそれを妨害する傾向にあることをエビデンスは示しているように思われる。創設者の意図がどれだけ崇高なものであったのであれ、フラタニティは治療薬であるよりもむしろ病そのものであるようにみえる。

大学フラタニティの批判者がこれらすべての憂慮をぶつける会話を想像してみよう。批判者は、飲酒、新入りいじめ、女性に対する性的搾取、ホモフォビア、学業成績の悪さなどについて指摘するであろう。それに対し、シグマ・アルファ・イプシロンの代表が次のように応答すると想像してみよう。

> もちろん、ほとんどの実際のフラタニティは学生を高潔にするのではなく堕落させる傾向を持ちます。しかしながらフラタニティは、メンバーが適切に行為しフラタニティを正しい仕方で経験しさえすれば、彼らを教育し高潔にするでしょう。大学フラタニティの経験は、名誉に生き、最高の道徳的水準を保つ真の紳士へと成長するすばらしい機会を提供します。彼らがこの機会を適切に利用しないことは残念ですが、私は可能な限りこの機会を提供し続けることが重要であると考えます。また、フラタニティの経験を正しい仕方で活用するよう彼らを導く方法を研究し続けることも重要であります。実際に、私どもは学生たちの行動にさらなる制約をかけるよう試みることによって、今まさにそれを行っております。私どもは、メンバーにより良い行動をとらせる方法を積極的に研究しているところなのです。

代表のこの応答には、完全に正しいにもかかわらず見当違いの感がある。代表は、所属メンバーが適切に行動するのであればフラタニティは人を高潔にさせ教育するという点でおそらく正しい。代表はまた、一貫して良い結果を生み出すフラタニティを作り出す方法が原理的には存在するであろうと考える点においても正しい。代表はさらに、もしそのようなフラタニティの運営方法が発見されるのであれば、私たちはすべての学生がそれに参加することを理にかなった形で期待するかもしれないと主張する点においても正しい。

同時に、代表はフラタニティに対する批判を真剣に受け止めることに失敗している。フラタニティの批判者は、原理的には、もしくは高度に理想化された情況の下では、フラタニティが人を教育し高潔にさせうることは否定しない。そうではなく批判者は、事実の問題としてフラタニティが人を教育し高潔にさせていないことを問題にしている。それらは人を無能にし、堕落させる。それらは益よりも害をもたらす傾向にある。理論的にはフラタニティをうまく機能させる方法は発見されうるのではあるが、それを今ここで行う方法はわからないのであり、そして現在の研究の展望も明るいとはいえない。

熟議デモクラシー支持者は〔フラタニティの代表が犯した〕この種の誤りを回避することを望むであろう。熟議デモクラシー支持者が「もちろん、実際の熟議は人々をめちゃくちゃにしますが、適切な熟議は人格と知識を向上させるでしょう」という場合には、それは、「もちろん、実際のフラタニティは人々をめちゃくちゃにしますが、適切なフラタニティは人格と学業を向上させるでしょう」ということと大して変わらないのである。

政治が教育的ないし卓越的機能に資することは可能である。ほかの多くの物事――ブラッズ〔＝ロサンゼルスを拠点とするストリートギャングの一つ〕に加入すること、ヘロインを打つこと、高校を中退すること――にもそれが可能である。しかしながら全体的にみれば、政治参加についての教育説はフラタニティ参加についての教育説と同等であるか、それ以下であるようにみえる。政治参加の最も一般的な形態は私たちを高潔にするよりむしろ堕落させる。ただ、実際にほとんどの人々を高潔にし、大規模な悪用なしに実施されうる参加の形態を政治学者が発見する日がいつかくるのかもしれない。同様に、単に原理的にではなく実際に大規模に実施することが可能な改革によって、フラタニティを改善させる方法を改革者が発見する日もくるのかもしれない。いまだその日は来ていない。

結論：アゲインスト・ポリティクス

ある人が無知で無関心であり続けることがその人の認識的性質にとって好都合である場合も時にはある。人々が情報を集めたとしてもそれがバイアスのかかったおかしな方法で行われる場合も時にはある。堕落する傾向ははじめから存在していたのかもしれず、それを刺激しないことが一番なのかもしれない。

これらの理由から、政治に参加し、政治について考えることに時間を費やし、政治的ニュースをチェックし、政治的熟議に参加するよういっそう多くの市民を後押しすることに反対する強い推定上の根拠が存在する。政治参加が人々を啓発するよりむしろ堕落させるのであれば、この点は政治参加に反対する一つの理由になる。しかしながら、もし広範囲の参加がその他のより重要な善を生み出すか、もしくは参加がある種の目的それ自体であることが明らかとなるのであれば、この推定が覆ることはありうる。それではこの種の議論の検討に移ろう。

注

（1）ホビットの道徳的擁護については Brennan 2011a, chapters 1-2 を参照。
（2）Mill 1975, 196–97〔邦訳六二―六四頁〕.
（3）Tocqueville 1969, 243–44〔邦訳一三四―一三五頁〕を参照。
（4）Dagger 1997, 102-4.
（5）Delli Carpini and Keeter 1996, 135–77; Caplan 2007a; Birch 2009, 62; Mackerras and McAllister 1999; McAllister 1986; Selb and Lachat 2007.
（6）"Philosophy Students Excel on Standardized Tests," http://www.pages.drexel.edu/~pa34/philexcel.htm（二〇一六年一月四日最終アクセス）.
（7）"IQ Estimates by College Major," Statistic Brain Research Institute, http://www.statisticbrain.com/iq-estimates-by-intended-college-major/（二〇一六年一月四日最終アクセス）.
（8）Birch 2009, 49–51, 57–67, 140.
（9）Lever 2010, 906. Lever 2008; Loewen, Milner, and Hicks 2008; Milner, Loewen, and Hicks 2007 も参照。
（10）Landemore 2012, 97.
（11）Manin, Stein, and Mansbridge 1987, 354, 363.
（12）Cohen 2006, 163, 174.
（13）Elster 1998, 12.
（14）Gutmann and Thompson 1996, 9.
（15）Habermas 2001, 65〔邦訳一〇七―一〇八頁〕.

(16) J. Cohen 2009, 91-92. 純粋手続き主義は論争的であり、教育説と両立不可能であるとも考えられうるため、ここではコーエンの手続き主義は考慮に入れない。
(17) Huemer 2013, 62.
(18) Berggren, Jordahl, and Poutvaara 2010.
(19) Mendelberg 2002, 154.
(20) Ibid., 156.
(21) Ibid., 158.
(22) Ibid.
(23) Ibid., 159.
(24) Ibid., 163-64.
(25) Ibid., 165-67.
(26) Ibid., 170-72.
(27) Ibid., 173.
(28) Ibid., 176. ここでは Kerr, MacCoun, and Kramer 1996 が引用されている。
(29) Mendelberg 2002, 181.
(30) Ibid., 174.
(31) Ibid., 168.
(32) Ibid., 169.
(33) Ibid., 180.
(34) たとえば、Landemore 2012, 118-19; Pincock 2012 を参照。
(35) Sunstein 2002.
(36) Downs 1989.
(37) Ellsworth 1989, 213; Cohen 1982, 210-11; Marsden 1987, 63-64.
(38) Ryfe 2005, 54.
(39) Ibid.

（40） Mutz 2006を参照。
（41） Stokes 1998を参照。
（42） Hibbing and Theiss-Morse 2002.
（43） Ibid., 2002を参照。
（44） Mutz 2006, 89.
（45） Somin 2013, 53〔邦訳五四頁〕.
（46） Feldman 2006; Elga 2007.
（47） Mutz 2006, 5.
（48） たとえば、Goodin 2006を参照。
（49） Mendelberg 2002, 154.
（50） マッツ（Mutz 2008）もこの点について批判している。
（51） Landemore 2012, 143.
（52） Mendelberg 2002, 181.
（53） "Fraternity Mission," Sigma Alpha Epsilon, http://www.sae.net/page.aspx?pid=753（二〇一六年一月四日最終アクセス）〔リンク切れ〕.
（54） "The Creed of Sigma Nu Fraternity," Sigma Nu Fraternity, http://www.sigmanu.org/about/the_creed.php（二〇一六年一月四日最終アクセス）.
（55） "Become a Beta," Beta Theta Pi, http://beta.org/about/become-a-beta/（二〇一六年一月二一日最終アクセス）〔リンク切れ〕.
（56） "Our Mission," Phi Delta Theta, http://www.phideltatheta.org/about/（二〇一六年一月四日最終アクセス）.
（57） Russell Westerholm, "Wesleyan University, 'Rape Factory' Frat House and Victim Reach Settlement in Lawsuit, *University Herald*, September 12, 2013, http://www.universityherald.com/articles/4521/20130912/wesleyan-university-rape-factory-frat-house-victim-reach-settlement-lawsuit.htm（二〇一六年一月四日最終アクセス）; Frintner and Rubinson 1993; Koss and Gaines 1993; Humphrey and Kahn 2000.
（58） Kremer and Levy 2008.

（59） McCabe and Trevino 1997.

（60） Alan Reifman, “How Fraternities and Sororities Impact Studies (or Do They?),” *Psychology Today*, September 1, 2011, http://www.psychologytoday.com/blog/the-campus/201109/how-fraternities-and-sororities-impact-students-or-do-they（二〇一六年一月四日最終アクセス）.

訳注

［1］ ここでは当該の主張がベルナール・マナン、エリー・スタイン、そしてジェーン・マンスブリッジの共同の主張のように書かれているが、ここで取り上げられている論文は正確に言えばマナンのフランス語論文をスタインおよびマンスブリッジが英語に翻訳したものであるため、マナン個人の主張として理解する方が適切である。同様に、本章注（11）および参考文献表でも当該文献が前記三者の共著論文であるかのように書かれているが、先の理由でこれも誤りである。

第四章　政治はあなたにも私にも力を与えない

数年に一度新しい主人を選ぶことが許されているからといって、奴隷でないことにはならない。

——ハーバート・スペンサー『国家を無視する権利』

政治参加は私たちの道徳的・認識的特徴を堕落させる効果を持つのだが、それはこのコストを補って余りあるなんらかの別の便益を提供するのかもしれない。それは悪魔の取引であるが、必要な取引でもあるのかもしれない。

大学時代、自分は魔女であると本気で信じ、天気を少しだけ変える能力を持っていると信じているルームメイトがいた。彼女がインチキの呪文を唱える時に力を与えられている（empowered）と感じていたことは疑いない。その感情は本物であったが、その信念は幻想であった。

私はデモクラシーにおける投票者にも同様のことが起こらないかと憂慮している。多くの一般市民と理論家は、政治的自由と政治参加は私たちになんらかの仕方で（個人として）力を与えるため個人としての私たちにとって善いと信じている。女性参政権論者でフェミニストのリーダーであったエリザベス・ケイディ・スタントンは、「参政権は自己統治の権利そのものである。すべての人類はこの権利を持って生まれてくる」と主張した。[1] より最近では哲学者マイケル・チョルビーが、選挙権は「自身の実存の条件を形成する権利」を意味する自己決定権にとって不可欠であると主張している。[2]

本章では、政治的諸自由の保持と政治参加が個人に力を与えることができると様々な哲学者や一般の人々が考えている、以下五つの方法を検討する。

同意：政治的自由と政治参加はあなたが政府に同意することを可能にする。
利害関心：政治的自由と政治参加は政府をあなたの利害関心に対して応答的にする。
自律：政治的自由と政治参加はより高度な自律をあなたに与える。
非支配：政治的自由と政治参加は他者があなたを支配することを阻止する。
道徳的発達：政治的自由と政治参加は善き生の感覚と正義感覚の能力を涵養させるために不可欠である。

これらとは反対に私は次のように論ずる。あなたの政治的諸自由と政治参加はあなたが政府に対して同意することを可能にしないし、通常はあなたの利害関心を促進しないし、なんらかの意味ある仕方でもあなたの自律を増大させないし、あなたを支配から保護しないし、自由で平等な人格としてのあなたの道徳的発達にも貢献しない。例外的な情況を除いて、選挙権や被選挙権を持つことや政治に参加することとよりも、道端で五ドル札をみつけることの方があなたに力を与える。スタントンとチョルビーは間違っている。女性参政権論者が女性に選挙権を与えることに成功したとき、集団としての女性は力を与えられたのだが、議席を得たごく少数を除いて、大部分においていかなる個人としての女性も力を与えられなかった。

これら五つの議論は二つの異なる目的のために用いられる。第一に、多くのデモクラシー理論家は、民主的参加はほとんどの市民にとって価値があることをこれらの議論が示していると考える。第二に、多くのデモクラシー理論家はこれらの議論が、正義の問題として、その大多数が無能である場合にも市民が選挙権と被選挙権を与えられなければならない理由を説明するかもしれないと考える。つまり、市民は無能な仕方でなされた決定を他の市民に対して押しつけるに値するほどに強い利害関心を投票権に対して抱いているかもしれないということである。もし政治的諸権利が、たとえばなんらかの仕方で個人の自律にとって不可欠であるならば、これは、無能な意思決定を阻止しようと試みるエピストクラシー的なシステムよりも普通選挙権を備えたデモクラシーを選好する理由となるかもしれない。

したがって、「デモクラシーは私たちに力を与える」という主張のうち、いくつかは民主的参加が善であることを示そうとするのに対して、ほかのいくつかは全員に対して平等な政治的諸権利を与えないことが不正義であることを示そうとしている。しかしながら、もし政治的諸権利はなんらかの意味ある仕方でも私たちに力を与えないという点で私が正しいのであれば、二つの目的が達成される。第一に、私たちのほとんどは単純に政治参加の度合いを最小化すべきである、という私のテーゼに対する一連の異論が退けられる。第二に、エピストクラシーに対する一連の異論が退けられる。

私のここでの焦点が、いかにデモクラシーは個人としてのあなたに力を与えないかを説明することにある点については注意が必要である。もし私が正しいのであれば、あなたがエピストクラシーにおいて選挙権を喪失する場合でも、エピストクラシーはいかなる注目に値する仕方でも個人としてのあなたから力を奪っていないこととなる。しかしながら、次の二つの問いの間の違いには注意が必要である。

・あなたの政治的諸自由はあなたに力を与えるか。
・大規模な人間集団が政治的諸自由を保持する場合には、これらの諸自由は全体としての集団に力を与えるか。

これらは別の問いである。仮に第二の問いに対する答えが「イエス」であったとしても、第一の問いに対する答えは「ノー」でありうる。もちろんデモクラシーは、それがマジョリティ集団の一部を形成する個人には力を与えないにしても、集団には一定の仕方で力を与える——結局のところ、マジョリティは重大な権力を保持する。女性参政権論者スーザン・B・アンソニーは、「女性たちよ、選挙権なしの請願者であるならば私たちは月に向かって吠える犬と同じだ!」と述べた(3)。集団としての女性は、その多くのメンバーが選挙権を保持する場合には単なる請願者以上の存在になるという点で、アンソニーは正しいかもしれない。しかしながら私は、仮に選挙権を持っていたとしても、個々の女性は——そしてそのほかの個人も——単なる請願者であり続けると主張する。

リベラリズムと政治的諸権利

本章では、民主的諸権利と政治参加にはなんらかの意味ある仕方で個々の市民に力を与える傾向があるかを問う。問いがそもそもなんであるかを明確に理解しておくことが重要である。

デモクラシーとリベラルな自由との間には密接なつながりが存在するようにみえる。それはつまり、事実の問題として、既存の民主的な国々は非民主的な国々よりも市民の市民的・経済的自由をより良く保護する傾向にあり、またリベラルな国々はより民主的である傾向にあるということである。国家が自由で開かれた選挙を備えている度合いとそれが市民的諸権利を保護している度合いとの間には強い正の相関が存在する。国家が自由で開かれた選挙を備えている度合いと、それが経済的自由を保護している度合いとの間にも、より弱いながらも確固とした正の相関が存在する。私はこれらの相関に異議を唱えるつもりはなく、逆にそのような相関が存在することを別稿で示してさえいる(4)。

リベラルな自由とデモクラシーは概念レベルでつながっているわけではない。政治体制はリベラルかつ非民主的でありえ、もしくは民主的かつ非リベラルでもありうる。現実世界においては、非民主的かつリベラルな国のいくつかの実例と、非リベラルなデモクラシーの多くの実例がある。それでも既存のデモクラシーはより民主的ではないものと比べてよりリベラルである傾向がある。なぜそうであるのかについては論争がある。一部の人々は、それは単なる正の相関にすぎないとみなす。もしかすると、リベラルな政治を生み出す傾向にある背景的条件は民主的な政治構造を生み出す傾向にもあるのかもしれない。ほかの人々は因果関係が存在すると考える。もしかすると、リベラリズムはデモクラシーの原因となるか、デモクラシーはリベラリズムの原因となるか、もしくはそれらは相互に強化しあう関係にあるのかもしれない。

しかし本章では、デモクラシーと自由の関係はそれよりもいっそう深いものであるかを問う。多くの人々——ほとんどのアメリカの一般市民を含む——は、デモクラシーは自由を促進するための有用な道具以上のものであると主張する。それらの人々は民主的政治それ自体が重要な種類の自由であり、デモクラシーは自由にとって不可欠であり、もしくは選挙権、被選挙権、政治参加権はそれ自体自由であることとの意味の構成要素であると信じている。

エピストクラシーは原理的にはリベラルな諸自由を完全に実現しうる（実際に、のちの章において述べるように、エピストクラシーを試すことを提言する一つの理由は、それがデモクラシーよりもリベラルな諸自由を保護し促進しうると考えられる点に存する）。しかし、もしデモクラシーとリベラルな諸自由との間にこの深いつながりが存在するのであれば、エピストクラシーは一部の市民にとっては常に重要な種類の自由の喪失を意味するだろう。しかしながら本章で述べるように、平等な選挙権や被選挙権が個人の自由や自律にとって重要であると考える理由はほとんどない。

同意説

デモクラシーは私たちに力を与えるという考えを支持する最も弱い議論を攻撃することから始めよ

う。小学五年生の頃、私は社会科の教師にデモクラシーは被治者の同意に基づいていると教わった。それ以降毎年、社会科と歴史の教師に同じことを教わった。その後、大学で政治哲学の授業を受講し、それらがすべて誤っていたことを学んだ。哲学者たちは——デモクラシーを好む好まないにかかわらず——、デモクラシーは被治者の同意に基づいているという主張の誤りを徹底的に暴いている。実際に、哲学者たちは近代デモクラシーが創設される以前に既にこの主張の誤りを暴いていた。それでも、一般の読者はなぜ同意説(consent argument)が失敗するかを知らないかもしれない。したがってこの機会に、より手強い議論に進む前にこのゾンビの息の根を止めておくとしよう。

同意説は、政府に対する同意を表明することができるため、もしくは政府と同意に基づいた関係を結ぶことができるため、政治的諸自由を保持し政治に参加することに価値があると主張する。この議論は次のようなものである。

1. デモクラシーは人々の同意に基づいている。
2. 選挙権や被選挙権を持たないのであれば市民は政府に同意することができない。
3. 選挙権や被選挙権を持ち、それを行使する市民は政府に同意することができる。
4. 各々の市民にとって、自らが同意する政治的システムの下で生きることには価値がある。
5. したがって、選挙権と被選挙権を備えた政治参加は各々の市民にとって価値がある。

この推論の問題はしかしながら、私たちの圧倒的多数にとって政府とその法に対する関係は同意に基づいておらず、またそれが可能でもないことである。

この点を理解するために、真に同意に基づいた関係や取引とはどのようなものであるかを考えてみよう。最近、私はフェンダー・アメリカン・デラックス・テレキャスターを購入することに同意した。その際、以下のすべてが真であった。

A. 私は同意を意味する行為を行った。このケースにおいては、私は販売業者にギターを注文した。ここでの結果――私は金銭を失いテレキャスターを手に入れた――は同意を意味する行為を行わなかったのであれば生じなかった。

B. 私はその〔同意を意味する〕行為を行うよう強制されなかった。私はそれを行うことを回避する理にかなった方法をとることができた。

C. もし私が明示的に「その値段でフェンダー・テレキャスターを買うことを拒否する！」と言ったのであれば、この取引は行われなかった。

D. 販売業者は、私にギターを送らなければ私から代金を取り上げる権原を持たなかった。販売業者は取引における自らの責任を果たさなければならなかった。

これらの条件が一つでも満たされなかったならば、この取引は同意に基づいたものではなかっただろう。次の対応する条件aからdのうちのどれでも前述のAからDと取り替えて考えてみてほしい。

a．注文していないにもかかわらず、販売業者は単に私にギターを送りつけ代金を取り上げる。
b．販売業者は私の頭に銃を突きつけ、ギターを買うか死ぬかのどちらかだと告げる。
c．販売業者にテレキャスターはいらないと告げたにもかかわらず、それを送ってくる。
d．販売業者は代金を取り上げるがギターは送らずにとっておく。

もし私たちが条件AからDのうちのいずれかを条件aからdによって取り替えるのならば、取引は同意に基づいたものではなかった。条件aもしくはbの下では、それは窃盗である。cの場合には、販売業者は単に同意なしに贈り物をくれただけである。販売業者が私に請求書を送ったとしても、私はギターを買うことに同意していないため代金を支払う必要はない。dの場合は、販売業者は詐欺を行っているか、取引における自身の責任を果たしていない。私は販売業者に代金を払うことに同意したのではない。私が同意したのは、ギターを手に入れる場合に、のみ代金を払うことである。

投票者の一人としてのあなたが候補者、政策、政治的結果について投票する場合には、それは条件AからDのようなものであろうか、それともaからdのようなものであろうか。あなたが選挙活動を行い、金銭を寄付し、編集者に手紙を書くなどする場合には、それはAからDのようなものであろうか、もしくはaからdのようなものであろうか。

AからDのうちのいずれか一つでもそれに対応するaからdのうちの一つによって取り替えられる場合には、関係はもはや同意に基づいたものではなくなることに留意してほしい。

aのように、もしあなたが投票や参加を行わなかったとしても、政府は単にルール、規制、制約、便益、税をあなたに押しつけてくるのだ、と考えてみよう。特殊な情況を除けば、あなたがどのように投票するか、またどの政策をあなたが支持するかに関係なく同様の結果が生じるであろう。たとえば、私は二〇〇八年にある候補者に投票した。しかし、私が投票しなかった場合にも、また別の候補者に投票した場合にも、同じ候補者が当選したであろう。これは、私がテレキャスターを注文し販売業者がギターを私に送るような同意に基づいた取引とは異なっている。そうではなくこれは、私が注文するか否かにかかわらず、またなにを注文したかにかかわらずギターを買わせることを販売業者が決定する、同意に基づいていない取引により似通っている。

bのように、政府はあなたがなにをするかにかかわらずルールに従うようあなたを強制し、もしそれに抵抗するのであれば罰金を払わせ、刑務所に入れ、叩きのめし、殺しさえする。あなたは政府のコントロールから脱却するいかなる妥当な手段も持っていない。政府はすべての居住可能な土地をコントロールしており、したがって私たちには政府の支配を回避するいかなる妥当な手段もないのである。あなたは南極に逃げることさえできない――世界中の政府がそこで生活することを禁じているのである。せいぜい私たちのうちの小さなマイノリティ――移住する経済的手段と法的許可を持っている人々――のみが自らを支配する政府がどれであるかを選択することができる。

それ――あなたを支配する政府がどれであるかを選択すること――すらも本物の同意を意味しない。男性の集団が女性に「あなたは私たちのうちの誰かと結婚するか死ぬかであるが、誰と結婚するかは選ばせてあげよう」という場合を想像してみよう。彼女が夫を選択する場合、彼女は結婚することに同意していない。彼女には本物の選択肢は存在しなかったのである。(5)

cのように、あなたが積極的に不同意を表明したとしても、政府はいずれにせよ単にあなたにルールを課すであろう。あなたがマリファナを吸うとしよう。あなたはマリファナを犯罪化する法に同意しておらず、マリファナを所持しているという理由で人を刑務所に放り込むのは非常に不道徳であると信じている。それでも政府はあなたをマリファナ所持で刑務所に放り込むであろう。これは、「ノー」がノーを意味する同意に基づいた取引とは異なっている。政府にとっては、あなたの「ノー」はイエスを意味する。

政府は多くの人々が投票を通して不同意を表明するのであれば時には屈するが、あなたの不同意には通常は反応しない。これは、本物の同意がなされる状況で生じる事態とは異なっている。私のギター販売業者が「私はあなたの意思に反してテレキャスターを買わせます。もちろん、アメリカ人のマジョリティがそうするなと言わない限りですが」と言う場合を考えてみよう。私たちは、結果としてなにが起こるかとは関係なしに、それを私にとって同意に基づいた取引であるとはみなさないであろう。もしくは誰かが「アメリカ人のマジョリティがそうするなと言わない限り私と結婚するようあなたを強制します」と私に言う場合、私たちはそれに続いて起こる強制された結婚を同意に基づいたものであるとはみなさないであろう。

最後に、dのように、政府は自分の役目を果たさず取引における自分の責任を果たさない場合にも、ルールに従うようあなたに要請し、税金を払うようあなたを強制する。したがって、たとえば政府があなたに適切な教育を与えることやあなたを保護することに失敗するとしても、税金を払いルールに従うようあなたを強制するであろう。ヒューマーが指摘するように、合衆国最高裁判所は、政府は個々の市民を保護する義務を負っていないと繰り返し判断している。あなたは自宅に侵入者がいることを知らせるために警察に電話したが、警察はあなたを助けるために人員を派遣することを怠り、結果として侵入者があなたを繰り返しレイプしたとしよう。政府はそれでも、あなたのために使用することを選択しなかった保護サービスのために税金を支払うようあなたに要求する[6]。

一般市民と政治家は、投票は同意を表明していると主張しがちである。政治哲学者はこれをばかげているとみなす。クリストファー・ウェルマンはこのアイデアを嘲笑する。

> 投票したがために市民は法に拘束されるということは……誘拐犯に刺されるよりも撃たれる方が良いという選好を表明したがためにその人は撃たれることに同意したというようなものである！……誘拐された人がいかに返答したとしても（また誘拐犯の問いに答えなかったとしても）殺されることと同じように、市民はどのように投票したとしても（また投票しなかったとしても）強制的な法に従わせられる[7]。

私たちのそれぞれにとって、政府との関係は真に同意に基づいた関係のすべての通常の特徴を欠いている。それは単に政府との関係が同意の特徴のうちのいくつかを欠いているというものではない。

ここで留意すべきは、オーストラリアやボリビアのような一部の国家では、市民は投票するよう強制されるか、投票しない場合には罰せられることである。投票しなかったオーストラリア人には二〇ドルの罰金が課せられる。もし市民がこの件を裁判沙汰にして敗訴するのであればさらに五〇ドルが課せられる。(8) 再犯者はより高額な罰金を支払わなければならない。ボリビアにおいては、投票しなかった市民は公務員になることや、大部分の銀行取引を行うことや、パスポートを取得することを九〇日間禁じられる。(9) したがって、ボリビアは投票しない市民から——退出権を含む——市民的諸自由を取り上げるのである。ブラジルにおいては、投票しない人々は国費による教育を受けることを禁じられる。したがって、義務投票制を採用している国家においては、投票はいっそう同意に基づかないものとなっている。

投票と政治参加が政府や法に対する関係を同意に基づいたものに変えるためには、その関係は根本的に異なったものとなる必要がある。それは私たちとお気に入りのレストランや友人との関係により似通っていなければならないであろう。

しかしながら良いニュースもある。被選挙権は真の同意を含んでいるのである。いかなるデモクラシーも市民に政治的公職につくよう強制しない（兵士や陪審員を政治的役職と呼ばない場合に限るが）。あなたがそれを望む場合にのみ、あなたは公職につくのである。もちろん、ほとんどの人々にとって政治的公職を得ることは極端に困難である。しかしこれは被選挙権を同意に基づかないものにはしない。

ここで注意すべきは、私たちと政府との関係が同意に基づいたものではないため、政府は不正で、正統ではなく、権威を欠いているとのより強い主張は行っていない点である。政府に同意できないため私たちはアナキストになるべきである、ということは示唆していない。デモクラシーは被治者の同意には依拠しておらず、エピストクラシーも同様である。そうではなく私は単に、政治参加は私たちが同意することを可能にするためなんらかの形で価値があったり正義にかなっていたりするのだ、という見解を攻撃しているだけである。

同意VS情報に基づいた同意《インフォームド・コンセント》

前述の懸念は、同意説に対する通常の異論のすべてをリストアップしているが、仮にこれらすべての異論が見事に乗り越えられた場合であっても、同意についてはさらなる懸念が存在する。

第二章で論じたように、市民のマジョリティが政治について無知であり、また誤った知識を持っていることについての圧倒的なエビデンスが存在する。ほとんどの市民は、誰が権力を持っているか、それらの人々がなにを行ってきたのか、またそれらの人々に対する挑戦者がやりたいことはなにかなどの、基本的政治的事実のほとんどを知らない。市民のほとんどが広範な社会科学的信念を持っているにもかかわらず、政治家が提案する政策を評価するために必要とされる社会科学的知識を持っている市民はいっそう少ない。そうであるならば、投票と参加についてはさらなる憂慮が存在する。それは情報に基づいた同意（informed consent）を意味しないのである。

あなたが定期検診のために医者のところに出向いたとしよう。医者はあなたの耳になにかの器具を突っ込み、次のように言う。「あら、グーベリアシス病に罹っていますね。ポリダクティィルペンディクスを除去しない限り、死んでしまいます。」あなたはすぐに手術に合意したとする。あなたは同意したといえるであろうか。

医療倫理学においてコンセンサスがある見解によれば、あなたは同意していない。あなたは「はい」と言ったが、なにをされるのかについては見当もついていなかった。マット・ズウォリンスキは次のように考察する。「医療措置を道徳的に許可するためには患者は……『私は同意します』と単に述べる以上のことをしなければならないことは……医療倫理学者の間で自明の理となっている。人々は自分の選択肢がなんであるかを知っている必要があり、少なくともそれら様々な選択肢がなにを含意しているのかについてある程度知っていなければならない[10]」。つまり、真の同意とは情報に基づいた同意である。

二人の主導的な生命倫理学者であるルース・フェイドンとトム・ビーチャムは、情報に基づいた同意は次のことを要求すると述べる。

開示：医者は、患者が手術を受けるか否かについての自律的な選択を行うことができるように、患者に十分な情報を供給しなければならない。

理解：患者は十分な情報に単にアクセスできるのみならず、その情報を理解していなければならない。

能力：したがって、患者はその情報を理解する能力を持っていなければならない。

自発性：患者は決定を行うよう強制されたり、操られたり、買収されたりしてはならない[11]。

情報に基づいた同意は、重大な決定が行われる場合にはいつも——つまり、危害を被るリスクを伴う侵襲的な手術を医者が勧める場合にはいつも——要求される。医者は、患者が情報に基づいた同意を行ったことを示すことができない限り手術を行うことを許されない。

政府の決定はしばしば、医療の領域で情報に基づいた同意が要求される種類の決定に似通っている。結局のところ、政府の決定のほとんどは重大で、侵襲的で、多大な危害のリスクを伴う。政府はどの歌を国歌とするかのような物事についてのみ決定するのではない。そうではなく政府の決定は、誰がどこで働くことができるか、誰が金銭を得て誰が得られないか、特定の商品を購入できるか、誰が結婚できて誰ができないか、戦争をするかしないか、健康保険を購入するよう強制されるかしないか等々について規定する。政府は基本的諸自由、生と死、平和と戦争の問題について決定する。そのためもし同意が重要であると考えるのであれば、私たちは市民が単に同意することだけではなく情報に基づいた同意を表明することも望まなければならない。

投票する市民のほとんどにとって、前述の情報に基づいた同意の条件のリストは満たされていない。政治家が関連性のある情報をすべて開示することはない。実際に、政治家たちはアジェンダの一部を隠したりもみ消したりし、関連性のある情報への市民のアクセスを妨げようとする。したがって、デモクラシーは頻繁に開示条件を満たさない。

第二に、これまでの章で詳細に議論してきたように、同意するために市民が必要とする情報が開示されたところで、ほとんどの市民はそれを獲得ないし理解することに失敗する。中位投票者は無知であり、中位非投票者は無知にも満たない。多くの市民は誤っており、無知以下である。市民は、基本的で簡単に検証することのできる事実（たとえば連邦政府予算の規模や誰が自分の地区の現在の議員であるか）について誤っているか無知であるのみならず、それらの事実を評価するために必要とされる社会科学の基礎的な理解をも欠いている。そのようなものとして、デモクラシーは情報に基づいた同意の理解条件を体系的に満たしていない。

第三に、市民は理解を欠いているだけではなく、その多くがそもそもそのような理解を獲得できるかも明らかではない。ＩＱがたとえば一一〇以上の人々だけしか経済学の初歩を理解することができないことが明らかになるかもしれない。しかし、基礎的な経済学を理解していない限り、通常その人は異なる大統領候補者を評価する立場にない。したがって、デモクラシーは能力条件を体系的に満たしていないのかもしれない。

第四に、政治家が頻繁に投票者を操作することは明白である。たとえばオバマ大統領は、「医療費負担適正化法（Affordable Care Act）」の支持を得るために繰り返しアメリカの公衆に嘘をついた。「自分の保険が気に入っているのであれば、それをそのまま取っておくことができる」。二〇一二年の大統領選の最中、共和党はオバマの「それはあなたが作ったのではない」という言葉を文脈から引き離して引用することによって投票者に嘘をつき、また操作した。オバマは単に中小企業を可能にする背景的制度とインフラに政府が部分的に責任を負うということが言いたかったのであるが、共和党は政府が人々のために中小企業を作ったとオバマが言おうとしていたかのような印象を意図的に作り出した。ジョージ・W・ブッシュは拘留者への拷問について嘘をついた。クリントンは婚外の性的関係について嘘をついた、等々である。政治的リーダーは守らない約束を繰り返し行うだけではなく、票を得るためにまったくのごまかしや操作を頻繁に用いる。もし医者がそうしたことをしたのであれば

──もし医者が「あなたの視力を向上させるためには高価な豊胸手術が絶対に必要です」と嘘をついたのであれば──それは明らかに自発性要件を満たさない。

近年、一部の生命倫理学者は情報に基づいた同意に関する〔前述の〕有力説に異議を唱え始めている。ここでの憂慮は、有力説は厳格すぎるか、要求度が高すぎるというものである。つまり、ほとんどの患者は四つの条件すべてを満たしそうになく、そうであるならば多くの、もっといえばほとんどの重要な医療措置は不正であることになってしまうとの考えである。したがって一部の生命倫理学者は、情報に基づいた同意についての少しだけ要求度の低い見解を擁護する。私は生命倫理学者ではないため、ここでその論争に参加しようとは思わない。そうではなく、私のポイントは次のより一般的なものである。もしあなたが、政治的諸権利は市民が同意を表明することを可能にするため重要であると考えるのであれば、情報に基づいた同意の正しい理論がどのようなものになるのであれ、情報に基づいた同意を重要であるとみなさなければならないように思われる。ほとんどの投票者がいかに頑迷に無知であるかを所与とすれば、市民の投票は情報に基づいた同意を表明する手段であるとの考えはもっともらしくないように思われる。

前の節でみたように、市民は政府に同意している、という主張は誤っているように思われる。しかしながら、もし私たちが同意説のその他すべての問題を無視したとしても、ほとんどの市民が情報に基づいた同意を表明していないことは明白である。デモクラシーにおいてさえも、政府と私たちの関係はこれ以上ないほど同意に基づかないものとなっている。そうであるならば、デモクラシーが同意に基づいた関係の創出や維持を通じて私たちに力を与えることはない。

自らの利害関心を促進する力

別のポピュラーな議論は、政治的自由と政治参加は、それが私たちの利害関心を促進することに資するため価値があると主張する。次の議論を考えてみよう。

1. 政府は、あなたが選挙権と被選挙権を持っていない限り、また政治に参加しない限り、あなたの利害関心に対して応答的にはならない。
2. 政府をあなたの利害関心に対して応答的にさせることには価値がある。
3. したがって、選挙権と被選挙権および政治参加権を持つことには価値がある。

デモクラシー体制下の多くの市民の間で、〔前述のような〕結果説（outcomes argument）は政治的諸自由と政治参加に価値があるという主張の一般的な正当化として捉えられている。

この主張は部分的には、個々の票は実際にはほとんどなんらの道具的価値も備えていないため失敗する。結果説は、政府を自らの利害関心に対して応答的にさせる能力という点からみた個人の政治的諸自由の価値を誇張しすぎている。

第二章で議論したように、いかなる個々の投票者も、その人が投票する場合にもしない場合にもなんらの違いももたらさない。私たちの票が違いをもたらす確率はほとんどない。政府は、あなたが投票した場合にはあなたを助け、投票しなかった場合には無視するようなものではない。個人としては、私たちの一票は、選出されたリーダーたちが私たちを助けるか、無視するか、危害を加えるかにはなんらの影響も与えない。

決定打となる一票を投じること以外にも、個人は選挙結果に影響を及ぼすことができるとの異論があるかもしれない。投票することによって、あなたは少なくとも勝差（もしくは敗差）を変えることができ、したがって候補者が「負託（mandate）を受けている」か否かの決定に資することができると主張されるかもしれない(12)。もしあなたが悪い候補者に反対する投票を行ったのであれば、もしその候補者が勝ったとしても、少なくともその候補者に対する負託の度合いを下げることによって政治家としての影響力を削ぐことができる。もしあなたが候補者に投票するのであれば、もしその候補者があなたの票なしでも勝っていた場合でも、少なくともその候補者への負託の度合いを上げることによって影響力を増やすことができる。候補者は政治的影響力を増加させる負託を受けることができる、というこの主張を負託仮説と呼ぼう。

経験的な政治学者は、負託仮説を膨大で多様なテストにかけ、それに欠陥があることを発見している。エビデンスは負託仮説の棄却を確固として支持している(13)。

同様の点は被選挙権についても言える。ランダムに選ばれたアメリカ人が、努力すれば重要な公職につくことができる確率は低い。部分的には、これは議席が少ないことによる。連邦議会の各議席には七〇万人以上ものアメリカ人が対応する。より小さく重要でない公職（たとえば町会議員のような）であっても、良くて二〇〇〇人の市民に対して一議席の割合である。もし公職がいつでもランダムに分配されるのであれば、当たる確率は非常に低い。

　もちろん、公職はランダムに分配されるのではない。裕福で、魅力的で、広い人脈を持った市民はほかの人々よりも勝算がある。平均的なアメリカの上院議員の総資産は一四〇〇万ドルに近く、平均的な下院議員の総資産は四六〇万ドルである[14]。それとは対照的に、平均的なアメリカ人世帯の総資産は七万ドル以下である[15]。政治的公職は金持ちのためのものなのである。これは、より平等主義的な国々についてさえもいえることである。たとえばスウェーデンでは、最近の首相の一人であるフレドリック・ラインフェルトは八〇〇万ドルほどの総資産を持っており、そのほかの政治家たちも平均よりかなり裕福である[16]。したがって、あなたや私などの一般人が立候補を決意しても政治家たちは怖気づくわけもなく、あなたや私に合わせてくれるわけでもない。

　選挙権と被選挙権の行使が私たちにほとんど力を与えない一方で、選挙活動、寄付、熟議、執筆活動などのより広い参加の形態は私たちの利害関心の促進に資すると期待されるかもしれない。しかしながら、ここでも私たちは同じ問題に直面する。ほとんどの市民はなんらかの変化を生み出すチャンスをほぼ持っていないのである。ポール・クルーグマンやスティーブン・コルベアのような一部の人々は他者がいかに投票するかについて、したがって、政治家がいかに行動するかについて重大な影響力を持っている。一部のエリート大学の教授は、その一部が未来のリーダーとなる学生たちに影響を与えることによって政治に影響を与えることができる。マーティン・ルーサー・キング・Jr.のような一部のアクティビストは絶大な影響力を持っている。しかし、ほとんどの人々はそれを持っていない。そして、私たちのほとんどがどれだけ努力したところでプロ野球選手やポップスターになることができないのと同じように、私たちのほとんどは努力したところでそれほどの影響力を得ることはできない。

女性有権者同盟と正義や自由について議論することは素晴らしいことであるように感じる。ガイ・フォークスのマスクを被ってペンシルベニア通りやウォール街を行進すると力を与えられたように感じる。オキュパイ運動の抗議者たちが、公園や企業が所有する施設でキャンプをする際に力を与えられたように感じたことは疑いない。国家安全保障局についての不満を書いた手紙を上院議員に送ることはなにかを成し遂げたような感覚を与える。私は時にフェイスブックで同じ考えを持った友人たちとアメリカ警察国家の不正義について不満を言い合うことを楽しみ、国家の不正義への抵抗に関する記事を発表する際にはやってやったという気になる。

しかし残念ながら、例外的な情況を差し置けば、私たちの個々の行為にはなんらの知覚可能な効果も存在しない。私たちの誰であっても、その人が仮に参加を差し控えたとしても、さらにいえば反対陣営の応援に参加したとしても、物事はマクロレベルにおいてはまったく同じ仕方で進むであろう。オキュパイ運動の参加者は資本主義に反対するのではなくそれを応援しうる。私は麻薬戦争に反対するのではなくそれを支持するよう主張したり投票したりできる。あなたもまた陣営を移すことができる。平均的な政治ブロガーもまた陣営を変えうる。例外的な情況を除けば、あなたがいかに投票し参加したかにかかわらず、あなたはなんの違いも生み出さない。あなたの参加は、政府をあなたの利害関心に応答するようには変えない。

大規模な集団はデモクラシーにおいて確かに力を持っている（この問題は後の章で扱う）。しかし個人は通常はそうではない。これは実際にはデモクラシーの特徴であり、その機能不全ではない。デモクラシーは個人に力を与えようとするものではない。それは大規模な集団や個人の集合体のためにすべての個人から力を奪おうとするものである。デモクラシーが力を与えるのは私たちであって、あなたや私ではない。

参加と自律

直観的には、政治的自由、政治参加、そして力を与えられること（empowerment）との間にはなんらかのつながりが存在するように思われる。このつながりは自律説（autonomy argument）において次のように説明される。

1. 自律的かつ自主的に、自らの手になるルールに従って生きることは各人にとって価値がある。
2. 共有された政治的環境に生きる各人が自律的で自主的になり、また自らの手になるルールに従って生きるためには、各人は政治的諸自由を手にし、それを行使しなければならない。参加は自律的で自主的になることを助ける。
3. したがって、共有された政治的環境に生きる各人は、政治的諸自由を保持し、それを行使する必要がある。(17)

この議論は、政治的諸自由と政治参加は自律を維持するために道具的に有効であるか、もっと言えば自律を維持することの構成要素であるかもしれないと主張する。もし自律に価値があるのだとすれば、政治的諸自由と政治参加にも価値があることになる。

一部の人々は、投票と自律との間の関係は、投票によって人は法の起草者の一部となるというものであると考える。投票を差し控えるのであれば、その人は法に対する部分的な起草者性を持たないことになり、したがって法はなんらかの仕方で押しつけられてしまうことになる。

ここで注意が必要なのは、この種の——投票によって法の起草者の一部となるという——推論においては、投票はあなたが勝者の側に属する場合にのみ自律を与えるということである。結局のところ、もしあなたの陣営が負けるのであれば、あなたは法の起草者の一部とはならない（もしそうなるのであれば、それは恐ろしいことである。タカ派がタカ派であるという理由からあなたはそれに反対の投票を行ったものの、タカ派が勝ったとする。もしタカ派が戦争を始めたのであれば、あなたはその戦争の起草者の一部となってしまう）。

自律説はしかしながら、選挙権と被選挙権が与える自律の度合いを誇張し過ぎている。私は人生においてかなりの数の自律的決定を行ってきた。私は自律的な決定を些細な物事について行ってきた。たとえば毎日なにを着るか、なにを食べるか、どの色の歯ブラシを買うか、テレビでなにをみるかなどである。私は自律的な決定を重要な事柄についても行ってきた。たとえば博士論文でなにを書くか、どの大学と大学院に進むか、どの仕事の依頼を受けるかなどである。私は極めて重大な事柄についての自律的決定も行ってきた。たとえば誰と結婚するか、子どもをもうけるか、どのようなキャリアを選ぶかなどである。

これらの選択が民主的意思決定の対象となると考えてみよう。これは、私の選択権を取り去って民主的集団にわたすことであると考えられる。もし私がこの集団において平等な投票権を持っていたとしても、それは重大な自律の喪失である。もしその民主的集団が単に投票するのではなく最善の選択肢について積極的に熟議したとしても（そして私の提示する理由に耳を傾けたとしても）、それに決定させることは私個人の自律の重大な喪失を意味する。

一人で決定する場合の方が（私自身もメンバーである）民主的集会が決定する場合よりも多くの自律を保持できるということだけが問題なのではない。大規模な集団の投票者としてよりも個人としての方がより多くの自律を手にしていることは自明である。問題は、（私自身もメンバーである）民主的集会が決定を行う場合、私はほとんど自律していないということである。

あなたが状況に対する自律的なコントロールを有していないことを確認する確実な方法がある。あなたの選択や決定にかかわらず同じことが起こるか――あなたの決定がいかなる違いも生み出さないか――を確認することである。この点を説明するために、この章を書きながら実験を行ってみた。私は月が紫色に変わるよう決定した。私はこの実験を数週間にわたって複数回行った。悲しいかな、月は紫色に変わらなかった。私は月の色に対して自律的なコントロールを有していないと結論づける。

同じことは投票についても言える。あなたが投票することを選択するか否かに関わらず、またあなたがどのように決定するかにかかわらず、同一の結果が生ずるであろう。月が紫色に変わるよう意思していても同然である。

それとは対照的に、今日私は朝食にレーズン・ブランを食べることを選択した。その決定を行ったのち、私は実際にレーズン・ブランを食べた。昼食には、カレーを食べることを選択し、実際にカレーを食べた。この実験により、自分が食べるものについて私は本物の自律を手にしていると結論づける。

自律はかなり曖昧な概念である。私はここで自律的コントロールの一般的アイデアの一つである、違いをもたらす能力としての自律に着目している。この概念においては、行為者はその行為が対象もしくは状態に変化を与え、影響を与え、違いをもたらすことができる度合いに応じる形でのみそれらの対象や状態に対して自律的なコントロールを有している。

『スタンフォード哲学百科事典』は多くの異なる自律の概念を提示しているが、そのほとんどが自由意志もしくは意図性についての様々な理論に関連するものであり、したがってここでの議論にとって重要ではない。それでも、政治的自由や選挙権に価値があるか否かについてなんらかの仕方で関連性を持つような、自律についてのほかのもっともらしい見解が存在するかもしれない。しかしながら、それに対する一般的な挑戦は次のようなものである。第一に、問題となっている種類の自律はもっともらしい形で価値があるか、正義の問題として人々に対して負われているものでなければならない。第二に、それは選挙権を持たない個人が必然的に欠くものでなければならない。

世界の中に居場所《ホーム》を持つこと

クリスティアーノは自律説のよりニュアンスに富んだもっともらしく思われるバージョンを提示している。彼は、政治的諸自由は「世界を「自分にとっての」居場所《ホーム》にすること」についての各人の根本的利害関心に資することができると考える[18]。人は「自分が生きている世界を理解することができ、いかにして自分がそこにフィットし、またそれと関係するかについての感覚を持っている」場合に「世界の中に居場所《ホーム》を持つ[19]」。人々はなにが正しく善いかについての自らの見解に対応した世界を持つことに対して利害関心を持つ。そしてある程度まで、世界が自らの手によって作られたものであることを望む。単に世界が自らの判断に（偶然などによって）一致しているだけではなく、それが自らの判断に応答的であることも望むのである。

この種の推論は私が社会構築説（social construction argument）と呼ぶものの一つにしばしばたどり着く。

1. 各人は自分の居場所《ホーム》であるように感じることのできる世界に生きることに根本的な利害関心を持つ。
2. この利害関心に資するためには、各人は世界が自らの判断に適切に応答的であることを必要とし、また各人は社会構築プロセスに適切に参加する必要がある。

3. 世界を自らの判断に適切に応答的なものとし、社会構築プロセスに適切に参加するためには、各人は政治的諸自由を保持し、それを他者と一緒に平等者として行使することが可能でなければならない。各人は平等者として他者と一緒に参加する必要がある。

4. したがって、各人は政治的諸自由を保持し、またそれを他者と一緒に平等者として行使することが可能でなければならない[20]。

社会構築説がクリスティアーノ自身のデモクラシー擁護論や政治的諸自由の価値についての主張と同一であると主張することは意図していない[21]。それは彼の議論の一部であるが、後の章で検討するものを含め、彼の議論にはほかの部分も存在する。そうではなく私は、それが政治的諸自由には価値があると哲学者と一般市民の両方が考える理由の一つを示しているため、社会構築説を提示する。

前述の前提3は、社会構築プロセスに参加し世界を自らの利害関心に適切に応答的にするためには政治的諸自由が必要とされると主張する。社会構築説は結果説と区別されることを意図しているため、私たちはそれを、好ましい政治的結果を生み出す傾向性の見地からかなりの期待効用を持つため個人の選挙権には道具的に価値があるという主張として理解してはならない。既にみたように、この主張は誤っている。

したがって、社会構築説の前提3のよりもっともらしい解釈は、選挙権と被選挙権を持つことによって私は、政府を自らの利害関心に応答的に、、、させる一因となる力を獲得することができるというものであるかもしれない。私は自分だけでは政府を応答的にさせることはできないが、それでも他者と一緒に行為することによって、政府が私の利害関心に応答的になるための原因の一部となることはできる。もし私の望む政治的結果が生じたのであれば、私は自分自身に「私はこの結果に貢献した」と言い聞かせることができる(22)。これは世界の中に居場所《ホーム》を持つ私の感覚を強めるかもしれない。

しかしながらこの主張の問題の一つは、それが因果関係についての論争的な見解に依拠していることである。私たち十人が石を窓に投げつけ、またその十個の石が同時に窓に当たってそれを壊したとしよう。私は窓が壊れる原因となったのであろうか。あなたはどうだろうか。私たち十人が集団としてそれを壊す原因となり、個人としての私たちはいずれも原因となっていないのであろうか。形而上学者はこれらの問いを議論し続けているが、答えは明白ではない。理想的には、政治的諸自由や政治参加に価値があるかについての問いは因果関係の形而上学についての難解な論争に依拠しない方が望ましい(23)。

幸運なことに、より論争的ではない形而上学に依拠する前提3のもっともらしい解釈が存在する。前提3は、選挙権と被選挙権を持つことによって私は望ましい結果の創出に参加することができると主張するものとして解釈することができる。この解釈はより弱い形而上学的主張しか行っていない。もし私が、窓が壊れるもしくは候補者が選ばれる原因となっていない場合にも、少なくとも窓を壊すもしくは候補者を選ぶ集合的活動に参加してはいる。

社会構築説はなぜ一部の市民が政治的諸自由を価値あるものとみなしうるかを説明することができるかもしれない。人は民主的プロセスに参加することを楽しむのかもしれない。もし人々がそれを十分に楽しむのであれば、機会費用を考慮してもなお、投票や立候補には価値があるのかもしれない。

そうであれば、政治的諸自由を持つことには価値がありうる。この見解においては、投票することはスポーツの試合で「ウェーブする」ことを決定することに似ている。ウェーブはその人自身が参加してもしなくても生ずるが、参加することは楽しく、もしくはやるに値する。

それでも、政治は社会構築の余地を十分には与えない。それは、部分的にはそこに逃げ場が存在しないためである。民主的な政治的決定は全員に平等に適用されるのであり、結果が気に入らないとしても通常は逃げ道がない。なぜ政治的諸自由に価値があるのかの説明を試みるに当たり、クリスティアーノ（およびここでクリスティアーノが知的盟友として引き合いに出している政治理論家マイケル・ウォルツァー）は、「家にいること（being at home）」のメタファーを用いる(24)。

政治的諸自由は私たちに家にいるように感じさせるとされる。しかしながら、これは誤解を招くように思われる。私たちの家は逃げ場である。私たちのほとんどは、自分の家を自分の選好を反映するように一方的に作り上げることができるため、自分の家が居場所《ホーム》であるように感じる。私たちの家は私たちが受け入れる原理によって統治されている。私たちは自分の家具の配置について公共的に熟議する必要はなく、それを社会にいる他者に対して正当化する必要もない。私たちの多くは、少なくともどこで働くかを選択することによって、相当程度自分の労働環境を作り上げることもできる。そしてもし社会において完全には居場所《ホーム》があるように感じられなくても、少なくとも居場所《ホーム》であるように感じることができる逃げ場を通常は社会の中でみつけることができる。しかしながら政治においては本物の逃げ場は存在しない。私はマリファナの犯罪化と農業助成金をばからしく不正であると考えるが、私をかくまってくれる逃げ場は存在しない（もしくはそのような逃げ場への移住は高価過ぎる）。

政治が社会構築の余地を十分に与えない理由の一部は、個々の市民がほとんど無力である点に存する。市民はあまりに無力であるため次のような選択に直面する。マジョリティの立場に従い「好ましい結果をもたらす手助けをする」か、マジョリティの立場に反対し、せいぜいマジョリティの立場への不同意を示す手助けをするかである。この無力さに鑑みれば、政治参加は社会構築に参加するための価値ある方法であるという主張を真に受けることは困難である。

もしあなたがマジョリティの側で投票するのであれば、あなたは選挙結果を生み出すことに参加することとなる。しかし、投票によって与えられる力はまがい物であるようにみえる。次のメタファーを考えてみよう。あなたはビーチで泳いでいるとする。あなたの前に大きな波が立ちはだかる。あなたは踏ん張るか波に乗るかを選ぶことができるが、それを押し戻すことはできない。もし波に乗ることを決定するのであれば、あなたは波に参加したとみなすことができ、加えてもし水を押したのであれば、あなたは水の一部が陸により早く到達することを手助けしたとさえ言えるかもしれない。しかしながらこのことがコントロールを共有していることを意味すると考えるのはおかしい[25]。もしあなたが水の中で居場所《ホーム》があると感じるのであれば、それはあなたが水に合わせたためであって、水があなたに合わせたわけではない。

さらに、仮に勝った候補者に投票した人々はその候補者を選出する手助けをしたものとみなせることを認めたとしても、負けた候補者に投票した人々はこの便益すら得ることができない。敗者にとって選挙権とは、よくてひいきの候補者の将来における勝利を手助けする機会でしかない。ひいきの候補者もしくは立場が負け続ける継続的なマイノリティは、この機会すら欠いている。候補者の勝利を手助けするチャンスを得るためには、ほかの投票者の好みに合わせる必要がある。アメリカにおいては、個々の投票者は民主党もしくは共和党の波に乗ることを選択することができる。だがもし両方の政党を嫌うのであれば、海に変化をもたらす手段はほとんどない。

要約しよう。繰り返しになるが、政治的諸自由と政治参加は特殊な情況においてのみ私たちに力を与える。自律説と社会構築説は、結果説が失敗する理由と大部分同じ理由から失敗する。それが成功するためには、個々の市民は、実際にそれらの人々が持っているよりも断然多くの力と影響力を個人として持っていなければならないであろう。

支配を阻止する

「新共和主義（neo-republican）」の哲学者フィリップ・ペティットは、なぜ主人-奴隷関係は道徳的に不正であるのかを考えるよう私たちに求める（本節で議論する「共和主義」は特定の自由の構想を提唱し、またその自由を保護しうる政治プロセスについての理論を伴う政治哲学であることに注意してほしい。私はアメリカの共和党については言及しておらず、哲学的共和主義者のほとんどがアメリカの共和党の支持者ではない）。それは単に主人が奴隷に対して残酷であるからとか、奴隷の計画に干渉するかもしれないからではない。この点を理解するために、あなたは例外的に親切で寛大な主人を持つ奴隷であると考えてみよう。主人はどのような仕方でもあなたに命令したり干渉したりしない。ペティットはしかしながら、あなたはなんらかの重要な意味において奴隷ではない人々よりも自由ではないと論ずる。

主人は干渉したりコントロールしたりしない一方で、それを行う権利と能力を持っている。

ペティットは、これが自由のリベラルな構想と彼が考えるものの欠陥を示していると考える。古典的リベラルであるアイザィア・バーリンは、彼とそのほかのリベラルは自由を他者からの干渉の欠如として定義する傾向にあると主張する。[26] ペティットは、この自由の構想では主人‐奴隷関係が不正である点のすべてを適切に説明し尽くすことができないと指摘する。結局のところ、親切で寛大な主人のケースにおいては誰も奴隷に干渉してはいないが、直観的には奴隷は不自由であり続けている。ペティットは、したがって新たな自由の構想が必要であると考える。それが非支配としての自由（liberty as nondomination）である。自由は干渉の欠如ではない。それは支配の欠如である。

次の条件が満たされる場合に、ある人（この人を支配者と呼ぼう）は他者（この人を被害者と呼ぼう）を支配する能力を持っていると言われる。

・支配者は被害者の選択に干渉する能力を持っている。
・支配者はこの能力を思うままに、また処罰されずに行使することができる。[27]

これらの点は集団に対しても同様に適用される。集団は個人を支配することができ、集団は他集団を支配することができ、また個人は集団を支配することができる。

哲学的共和主義者は、非支配としての自由の実現には正しい種類のデモクラシーが不可欠であると考える。リベラルと同様に、共和主義者は法の適正手続、チェック・アンド・バランス、権力分立、そして憲法によって保護された言論と集会の自由に対する諸権利を支持する。[28] リベラルと同様に、共和主義者はこれらの装置が不完全であることを憂慮する。（警察官から官僚、上院議員にいたる）政府当局者は他者に対する恣意的な権力を一定程度享受し続ける。

政府当局者がこの恣意的な権力を行使する度合いを減らすためには、市民は積極的に政治に参加しなければならない、と共和主義者は信じる。哲学者フランク・ラヴェットは次のように論ずる。

［恣意的な権力の問題に対する］通常の共和主義的な解決策はデモクラシーの強化である。……ここでのアイデアは大まかに言って、適切にデザインされた民主的制度は代表者の決定に異議を唱える効果的な機会を市民に与えるべきだ、というものである。この異議申し立ての可能性は裁量的権威を行使している政府当局者に、それらの人々が奉仕するとされる目的・目標や、使用が許容される手段についての公共的理解に対して責任を負わせる。このような仕方で裁量的権力は、共和主義的自由の確実な享受のために要求されるという意味で、恣意的ではないものとなりうる。[29]

このような形でデモクラシーを「強化する」ためには二つの主要な変化が必要であると共和主義者は主張する。第一に、より多くの公共的熟議が必要である。立法府や裁判所や官僚などの政治的決定者たちは決定の正当化理由を、公衆がそれらの理由に挑戦し討論を行いうる公共的なフォーラムにおいて定期的に提示しなければならない。一部の共和主義者は、そのようなフォーラムの一部は、そこにおいて市民が決定に反対し、さらにはそれを覆しうる「控訴裁判所」として機能しなければならないと論ずる(30)。

これが解決策たりうるかはもちろん熟議がいかに実際に進行するかにかかっている。第三章でみたように、熟議についての経験的研究は落胆させるものである。理想的ないし理想に近い熟議が現実的で非理想的な政府のそのほかの問題を解決することができると共和主義者が主張することと、現実的な政府における現実的な熟議が問題を解決できると主張することとは異なっている。

第二に、共和主義者はさらなる包摂と本物の政治的平等が必要であると主張する。すべての市民がそのような公共的異議申し立てに参加する平等な権利を保持していなければならない。共和主義者は形式的な政治的平等では不十分であると考える。一部の市民は（富、家族、名声などによって）他者よりも事実上の影響力と権力を持っている。すべての市民が衡平に参加可能であることを保証するためには、選挙資金や選挙広告やロビイングに対する制限がなければならない。つまり共和主義者たちは通常の対立的で競争的な選挙では不十分であると考え、決定がなされる前後両方で熟議デモクラシーが必要であると考える。私たちは金銭や知名度やそのほかの無関係な要因による不当な影響から政治的領域を保護しなければならない。

以上のことを所与として、リベラルとは異なり共和主義者たちは慈恵的なリベラル独裁者のもとの市民が自由でありうることを否定する。共和主義者は自由の独自かつ優れた構想と自認するものを提唱しており、確固として参加的で熟議的な正しい種類の民主的体制がこの種の自由を実現するために不可欠であると考える。

共和主義の主要な理論的動機は、非干渉としての自由というリベラルの伝統的な自由構想における欠陥とされるものにあった。リベラルは奴隷を不自由にするものはなんであるかを適切に説明できないとされる。ペティットのポイントを思い出そう。仮に主人が奴隷に干渉せずコントロールもしなくとも、主人はそれを処罰されずに行うことができる。

私は自由を非支配として理解することに対するイデオロギー上の反論を持っておらず、ペティットとは別の理由から彼の政策提言のいくつかを好ましく思う。それでもペティットが、リベラルの自由理解についてのバーリンの説明方法の問題を発見したとは言えるとしても、リベラリズムの問題を発見したと言えるかどうかは疑わしいように思う。実のところ、リベラルは誰にも干渉されていないというだけでその人が自由であるわけではないと長い間論じてきた。その人は干渉されない諸権利を持っているとみなされなければならないとされてきたのである。そのためリベラルはペティットに対して、主人は奴隷の諸権利を侵害しているため、奴隷は——もし親切でリベラルな主人を持っている場合にも——自由ではないと応答することができる。したがって、リベラルはなぜ親切でリベラルな主人を持っている奴隷がそれでも不自由であるかについての自前の説明を持っているように思われる。自由のリベラルな構想が不適切であることをリベラルに納得させるためにペティットが用いている市民が支配に曝される状況は、リベラルな諸権利が保障されていないか適切に保護されていない状況である。リベラルはペティットに対し、バーリンは自由のリベラルな構想を誤った形で理解したと応答しうる。リベラルにとって、適切に保護された干渉されない諸権利を持つ場合に人は自由である。これは、ペティットに対する応答として行われた自由のリベラルな構想に対する修正ではなく、リベラルが当初よりずっと保持していた構想であるように思われる。

ここでの本当の関心事は、ペティットが思い描くような平等者の間の積極的な政治参加は支配を阻止するために不可欠か否かであるため、私はこの問題にこだわることはしない。彼のアイデアは、各々の市民に強力で平等な政治的諸自由を付与し、平等者として参加するよう奨励することによってのみ市民は支配から保護されうるというものである。もしペティットが正しいのであれば、デモクラシーはもちろんのこと政治参加は支配を阻止するための手段として道具的に価値があるのであり、共和主義的体制の内部で市民に平等な政治的諸権利を付与することの失敗は、それが市民を不正な支配に曝すため不正であることになる。

ペティットの見解は、諸個人の大規模な集合体について考える場合には正しいように思われる。もし私たちがすべての黒人の選挙権と被選挙権を奪うのであれば、これはほかの人種が黒人を搾取し、支配し、抑圧することを容易にするであろう。しかしながら、これは個人としての黒人にとって政治的諸自由の保持や政治参加に価値があるということを示していない。それはせいぜい、十分な数の黒人が政治的諸自由を保持していることが個々の黒人にとって価値があることを示しているに過ぎない。個々の票と参加はほとんどいつでも問題とならないため、黒人は次の状況AとBの間でほとんど無差別でなければならない。

A. ある個人を除くすべての黒人は政治的諸自由を持っている。

B. （その個人を含む）すべての黒人は政治的諸自由を持っている。

もし個々の黒人に対する支配を阻止するためにAが十分でないのであれば、例外的な情況を除けばBもまたそうである。[31] 政治的諸自由と政治参加は私が所属している集団に力を与えるかもしれないが、そこからそれが私に力を与えることは引き出せない。

私に似ている人々に選挙権を与えることは、それらの人々が私を保護する仕方で投票する場合にのみ私を保護する。私は多くの集団のメンバーであり、私に似ている人々とみなしうる多くの異なる集団が重なりあいながら存在している。これらの集団のいくつかは大きく、そのほかは小さい。これらの集団の一部は集団らしい仕方で投票する（つまり、その集団のメンバーシップが投票行動に影響を与える）が、そのほかはそうしない。集団の投票行動がその集団内部の個人の利害関心を保護し促進する傾向を持つか否かは複雑な経験的問題である。私たちは、集団内部の全員に投票権を与えることはその集団を保護することになると想像することによって、この点をごまかしてはならない。結局のところ、それはその集団内部の人々がいかに投票するか――それらの人々が自らの利害関心を保護する仕方で投票するのに十分であるほど多くの知識を持っているかを含めて――にかかっている。それはまた、集団外部の人々がいかに投票するか――ほかの集団に危害を与えるように投票するか否かを含めて――にもかかっている。

結局のところ、他者が私を支配し搾取することを妨げるために私は政治的諸自由を必要とするということは、誤っているように思われる。私を支配から守るのは、ほかの市民が自制を選択するか、またはなんらかの仕方で制約されることである。ほかの市民が誤った行動をとることを決定した場合には、私の選挙権や被選挙権ではそれを止めることはできない。道徳的なマジョリティや、裁判や、様々な手続的チェック・アンド・バランスが不正なマイノリティを阻止するか、マイノリティ自身が自制するかである。しかしながら、もし明日私の国の全員が私に干渉することや私を集合的意思に従わせることを決定する場合には、私の政治的諸権利は洪水に対するバケツ程度の保護しか与えない(32)。

さらに言えば、なぜ共和主義者がエピストクラシーよりもデモクラシーを好むのかも不明瞭である。エピストクラシーは共和主義的自由と両立可能なように思われる。基礎的な政治的知識のテストに合格することができる市民のみに選挙権が制限されているエピストクラシーの形態を考えてみよう。そして、上位九五パーセントの市民が試験に合格した一方で下位五パーセントが不合格であったとしよう。この投票者の上位集団は他者を支配するであろうか。それは考えにくいように思われる。エピストクラシーは共和主義者が好むそのほかの「強化装置」――熟議フォーラム、市民の控訴裁判所、選挙資金の制限等々――を組み入れることができる。全員の参加が許容されている場合にこれらの手続的チェック・アンド・バランスが政府の公職者や特殊利益集団による市民の支配を阻止できるのだとしたら、最も無知で誤った情報を持った市民が投票を禁じられる場合になぜすぐにそれに失敗するようになるのかは明らかではない。共和主義的アイデアは、誰かが単に思うままに支配することを阻止する十分な制度的チェックが存在する場合に、人は非支配としての自由を享受できるというものである。しかし、あなたの個別の選挙権や参加権が支配の阻止に不可欠であると考えるいかなるもっともな理由も存在しない。

共和主義者は、自らが好む制度（チェック・アンド・バランス、異議申し立てに開かれた熟議フォーラム、その他）をコピーしたエピストクラシーであっても市民は平等な地位を欠いていると反論するかもしれない[33]。しかしながら、それは平等と地位についての、つまり不平等な政治的諸権利の表出的な意味に基づく反論である。それは自由や権力に対する反論ではないため、ここでは扱わない。これらの問題は次の章で詳しく扱う。

二つの道徳的能力の涵養？

これまで私が検討してきたそれぞれの（デモクラシーはいかに個人としての私たちに力を与えるかについての）議論は広く共有された信念と道徳的直観に基礎づけられている。この節では、それらよりもはるかに難解で理論先行的な議論を扱う。私はここで、分析的政治哲学者の多くが保持しているにもかかわらずそれ以外のほとんどの人々は保持していない見解に応答する。一般の読者はこの節を飛ばしてしまっても良いかもしれない。

前世紀の最も重要な分析的政治哲学者であるロールズは、二つの主要な道徳原理を伴った正義の理論（「公正としての正義」と呼ばれる）を展開した。第一原理である「自由原理」はそれぞれの市民が「十全に適切な」一連の基本的諸権利と諸自由を享受することを要求する[34]（ロールズの正義の第二原理はここでは取り上げない）。

ロールズによれば、一度全員がある程度の生活を送れる発展のレベルにまで社会が到達したあかつきには、この自由原理がほかのすべてに優越する。したがって、たとえばロールズは、なんらかの奇妙な因果連関によってある人の言論の自由の制約が今後十年間毎年三パーセントのＧＤＰ成長をもたらす場合にも、その制約は不正であると考える[35]。

ここで最も重要なのは、ロールズがいかに政治的自由を取り扱ったか、とりわけいかに選挙権と被選挙権を取り扱ったかである。ロールズの正義の理論においては、選挙権と被選挙権は既に特権的であるはずのその他の基本的諸権利と諸自由よりもさらに特別な特権的地位を占めている。ロールズは、正義は市民が「政治的諸自由の公正な価値」を保障されることを要求すると論ずる[36]。ロールズの主導的な研究者であるサミュエル・フリーマンが説明するところによれば、政治的諸自由の公正な価値とは「公的資金による選挙キャンペーンや候補者に対する個人献金の禁止などを含む、富と社会的地位と影響力が政治プロセスに対して及ぼす効果を中和する方策によって、すべての市民に参加の平等な政治的諸権利の価値が公正に保障されるという、正義の……要請」である[37]。

ここでは、選挙に対する公的資金の支出がなされなければならないという信念などの、ロールズの政策提言については扱わない（そうは言っても、多くのロールズ主義者が選挙キャンペーンに対する献金の効果についての経験的政治学の文献に十分に精通していないことは憂慮している[38]）。そうではなく、ここで関心が向けられるのは、第一にロールズが選挙権と被選挙権を基本的諸自由の一つに数え入れている点であり、第二に、これらの政治的諸権利にそのほかの諸自由よりも高い地位が与えられていることである。なぜこのように考えるのであろうか。

あるものが基本的自由であるか否かを決めるロールズの最終的な哲学的テストは、ロールズが「二つの道徳的能力」と呼ぶものとそれが正しいつながりを持っているか否かである。ロールズによれば、二つの道徳的能力とは、善き生の感覚を涵養させる能力と正義感覚の能力である。第一の――合理性とも呼ばれる——ものは、「生とその追求に意味を与えるものはなんであるかについての見解に基礎づけられた一貫した価値の構想を形成し、修正し、合理的に追求する能力を意味する、善の合理的な構想を持つ」能力である。第二の——道理性とも呼ばれる——ものは「公正な協働の条件を理解し、適用し、またそれに基づいて他者と協働する」能力である[39]。ロールズにとっては、これら二つの能力は人間を特別な考慮に値する道徳的存在にするものである。それらは私たちを「低次の」動物ともいうべきものから区別する。これらの能力がなんらかの仕方で人間が猫やミミズよりも厳格で要求度の高い道徳的諸権利を持っていることを説明する、と考えることはもっともらしい。

フリーマンの見解によれば、(政治的諸権利を含む)基本的諸自由と道徳的能力の間の関係は次のようなものとされている。「ある自由をロールズにとって基本的なものとするのは、それが生の全体を通じた道徳的人格性の二つの能力の適切な涵養と十全な行使のために不可欠な社会的条件であることである[40]」。フリーマンは、すべての市民が二つの道徳的能力を涵養するためにそれを必要とする場合にのみ自由は基本的なものであるとさらに詳しく述べている[41]。これを基本的自由のロールズ＝フリーマン・テストと呼ぼう。なんらかの自由Xは、Xが二つの道徳的能力を生の全体を通して適切に涵養し十全に行使するためのすべての市民にとっての不可欠な社会的条件であるまさにその場合にのみ基本的自由である。そんなものが存在するとして、なにがこのテストを通るのであろうか。

ロールズ＝フリーマン・テストをよりよく理解するために、政治理論家ジョン・トマーシーとフリーマンとの間の、なにが基本的自由に数え入れられるのかについての論争をみてみよう。トマーシーは、ロールズの基本的諸自由のリストでは短すぎると考える。ロールズはいくつかの市民的諸権利は基本的諸自由の一部であると考えるが、私有財産を持つ権利と職業選択の権利を除いて資本主義的な経済的諸権利を基本的諸自由にカウントすることを否定する。トマーシーは、契約の自由や生産財を所有する権利などの特定の資本主義的経済的諸権利を含める形で基本的諸自由のリストを拡張しなければならないと論ずる。彼はそのような諸権利は多くの市民にとって善き生の構想を発展させ正義感覚を行使するために不可欠であると主張する。

しかしながら、フリーマンは次のようにトマーシーに応答する。仮に工場を所有していることが一部の人々の善き生の構想にとって不可欠であったとしても、それは生産財を所有する基本的自由が存在することを意味しない。結局のところ、フリーマンは善き生の構想に沿って生きるためにすべての市民が資本主義的諸自由を必要とするわけではないということを繰り返し強調している[42]。フリーマンによれば、あるものが基本的自由であるためには、それは、善き生もしくは正義の感覚を涵養するすべての理にかなった人格の能力にとって不可欠でなければならない。トマーシーはせいぜいこれらの資本主義的諸自由が多くのもしくは一部の人々の二つの道徳的能力を涵養する能力にとって不可欠であることを示しただけであり、全員がそうであるとは示していないとフリーマンは論ずる。これは、資本主義的諸自由がロールズ＝フリーマン・テストを通らないことを意味する。

フリーマンは現役の最も重要なロールズ研究者であり解釈者であるといえるかもしれない。彼がロールズについて誤っていることはありうるが、私はロールズがなにを考えていたかについては彼の意見に従いたい。つまり、私はロールズの考えについての自らの判断よりも彼の判断を信頼している。そのため、フリーマンのロールズ解釈が正しいことを前提とする。

フリーマンのトマーシーに対する応答が決定的であるとしよう。契約や工場所有の自由などの資本主義的諸権利はロールズ＝フリーマン・テストを通らない。問題は、これから述べるように、そのようなテストを通るものが一つでもあるかは疑わしいことである。もしロールズ＝フリーマン・テストが正しいのであれば、ほとんどのものが基本的自由としてカウントされないように思われる。

フリーマンがトマーシーに、正義感覚と善き生の感覚を涵養し十全に行使するために文字通り全員が特定の経済的諸自由を必要としない限り、それらの諸自由は基本的なものとは（ロールズ＝フリーマン・テストでは）カウントされないと応答したことを思い出そう。しかしながら、もしフリーマンがこのようにトマーシーに応答できるのだとしたら、私もフリーマンに対して同じように応答できる。

フリーマンはトマーシーに、デンマークとスイスの人々はロシアの人々よりも断然多くの経済的自由を享受していると指摘するかもしれない。しかし、これはロシア人にとって正義感覚や善き生の感覚を涵養することが不可能であることや、特別難しいということすら意味しない。実際、ほとんどのロシア人は正義感覚と善き生の感覚の能力を涵養させている。実際に、トマーシーが決定的に重要であると考える一連の経済的自由を市民に認めている国家は十カ国ほどしか存在しないかもしれず、しかしながらそれでもなお、それ以外の国家のほとんどの市民は二つの道徳的能力を涵養することができるのであり、また実際にそうしている。これは、基本的諸自由のリストを拡張するトマーシーの議論がうまくいかないことを示している。それはロールズ＝フリーマン・テストを通らないのである。

しかしながらこれでロールズとフリーマンの勝ちとはならない。資本主義的諸自由を基本的諸自由として認めない推論は、政治的諸自由を含む左派リベラルの諸自由に対しても同様に適用できるのである。結局のところロールズとフリーマンは、人は広範囲におよぶ言論の自由や参加と投票と立候補の自由等々の基本的権利を持っていると考えている。しかしながら、正義感覚を涵養させるか善き生の構想を発展させるために、こうしたロールズ主義的な基本的諸自由が必要であるというのもまたおかしな話である。

繰り返しになるが、世界中の一握りの国家しか市民にすべてのロールズ主義的な基本的諸自由を実際に与えておらず、政治的自由の公正な価値を保障している国は、それがそもそも存在するとして、ほとんど存在しない。しかしながら、これらの基本的諸自由を欠いているにもかかわらず、もしくはロールズとフリーマンが必要であると信じていたレベルで諸自由を保護されていないにもかかわらず、圧倒的多数の不正な国家において圧倒的多数の人々が実際に正義感覚を涵養し善の構想を発展させている（し、そうでない人々もそうしうる）。

私、ジェイソン・ブレナンが、ロールズやフリーマンと同じくらい、適切に涵養された善き生の感覚と正義感覚の能力を持っているとしよう（一部のロールズ主義者は自分の誠実な知的ライバルを道徳的に理にかなっていないとして退ける残酷な性向を持っているため、否定するかもしれないが）。しかしながら私は選挙権や政治参加の権利を持つことにさして関心がない。私は自分の選挙権を一〇〇ドルで喜んで売るだろう。私はタイトルに投票という言葉が入っている本を二冊も出版し関連する記事も数多く発表してきたプロの政治哲学者であるにもかかわらず、選挙権や被選挙権は私の善き生の構想のなかに微塵も登場しない。私はロールズ＝フリーマン・テストの反例や反証として適格であろうか。私の存在は政治的諸自由が基本的ではないことを示すために十分であろうか。

もしくは、多くの非宗教的な人々にとって、宗教的諸自由はほとんど重要ではないということを考えてみよう。それらの人々にとって宗教からの自由は必要ではあるが、宗教を実践する自由は必要ではない。もしくは、ほとんどの人々にとっては、自由な科学的探求に従事する諸権利はほとんど意味を持たない。それらの人々がこれらの諸権利を活用することはないであろう。同じことはほかの自由についても言える。問題は、全員にとって不可欠な自由はほとんど存在しない点に存する（ここで、一部のロールズ主義者は私がロールズやフリーマンを誤解していると批判するであろう。この点については後述する）。

実際に、（フリーマンが考えるような、すべての人間はもちろんのこと）典型的な人にとって二つの道徳的能力を涵養するために厳密な意味で必要な自由はほとんど存在しないように思われる。はなはだしく権威主義的であるか全体主義的な体制のもとで生きる人々は、私に比べて道徳的能力を涵養させるための適切な評価的視点へとアクセスすることがより困難であるかもしれないが、そのような国家においてもそれは不可能ではないし、それほど困難でもないかもしれない。二つの道徳的能力を涵養させるためには、言論の自由も、婚姻の自由についての諸権利も、結社の自由も、政治的自由もほとんど必要ない。選挙権も被選挙権も必要ない。完全な人身の自由も必要ではなく、国家の当局者による身体的ハラスメントから自由である必要もない。職業選択の権利も必要ない。実際に、ほとんど自由を持たない人々が二つの道徳的能力を涵養することは容易に想像できる。ストア派の哲学者エピクテトスは歴史上のほとんどの人々よりも二つの道徳的能力を涵養したと言えるかもしれないが、彼は文字通り奴隷でありながらそれを成し遂げた。アレクサンドル・ソルジェニーツィンは全体主義的体制に生き、またグラグに投獄されていたにもかかわらず二つの道徳的能力を涵養した。彼は、基本的諸自由を奪われていたまさにそれゆえにそれほどまで二つの道徳的能力を涵養したようにみえる。そして、ほとんど自由を欠いていたにもかかわらず二つの道徳的能力を涵養した人々についてのほかの歴史上の例は容易にみつけることができる。したがって、もしロールズとフリーマンが、なにが自由を基本的にするかについて正しかったのであれば、基本的にはなにも基本的自由ではなくなる。実のところ、すべての人にとって道徳的能力の涵養のために厳密に言って必要な自由など存在しない。ロールズ＝フリーマン・テストは厳格すぎるようにみえる。なにもそのテストを通らないのである。

ロールズとフリーマンは、道徳的能力を再定義するか修正することによって次のような応答を試みることができる。特定の諸自由を保持することは、経験的な問題として単に道徳的能力を涵養させるために道具的に有用であるのではなく、論理の問題としてこれらの能力を涵養することそのものの一部をなしている。しかしながら、このような趣旨の議論を実際にみてみないことには、論点先取に陥らずにそれを行う方法は想像できない。

　ロールズ主義者は、私がロールズ＝フリーマン・テストを誤解していると反論するかもしれない。ロールズ＝フリーマン・テストは道徳的能力の涵養だけに関するものではなく、その行使に関するものでもある、と。選挙権や被選挙権は、二つの道徳的能力を涵養するためにすべての人にとって必要なのではなく、もっといえばほとんどの人々にとって必要ではないという点で私は正しいかもしれない。しかしながらロールズとフリーマンは二つの道徳的能力を涵養しかつ行使するためにすべての人にとって必要である場合にのみそれは基本的自由であるといっている。私は行使の部分を看過しているのであり、そのただし書きの部分こそ、選挙権と被選挙権を正当化する働きを果たすのかもしれない。

この応答は、少なくともここで定式化されている形のロールズ＝フリーマン・テストでは機能しない。ロールズとフリーマンは、それがすべての人にとって正義感覚の能力を涵養し行使するために必要である場合に、かつその場合にのみそれは基本的自由であると論ずる。しかし、ここで少しだけ形式論理学を使ってみよう。□(P&Q)⊃(□P&□Q)。つまり、連言PかつQの必然は、Pの必然とQの必然を含意する。もしあるものが条件PかつQを必然的に満たす場合にのみ基本的自由としてみなされうるのであれば、それらの条件のいずれかを満たすことに失敗するものは基本的自由ではない。

ロールズとフリーマンは、二つの道徳的能力を涵養しかつそれを行使するためにすべての人にとって必要である場合にのみあるものは基本的自由であると論じている。したがって、もし二つの道徳的能力の涵養のためにすべての人がそれを必要とするのではないのであれば、仮にそれがすべての人にとって二つの道徳的能力の行使に必要であったとしても基本的自由ではないこととなる。二つの道徳的能力を涵養し行使することの両方にとって必要である一連の潜在的な基本的諸自由は、二つの道徳的能力を単に涵養するために必要な潜在的な基本的諸自由と規模において同じであるか、より小さい。

これはロールズとフリーマンが、彼らが意図したよりもテストを要求度の高いものにしてしまったことを意味していると考えられる。彼らに代わって、「かつ」を「もしくは」に変えてみよう。彼らの基本的自由のテストを、新たなより要求度の低いテストに取り替えてみよう。

自由を基本的なものにするのは、すべての人にとってそれが生の全体を通した道徳的人格性の二つの能力の適切な涵養もしくは十全な行使のための不可欠な社会的条件であることである。

この新たなテストは前述の問題を回避できる。もちろん、二つの道徳的能力を涵養するためにはほとんどいかなる自由も必要ではない。しかしながら、それを行使するためには十全で平等な選挙権が必要であるのかもしれない。この修正されたロールズ＝フリーマン・テストの定式化においては、既にみたとおりほとんどいかなる自由も道徳的能力を涵養するためにすべての人にとって必要ではないために、「すべての人にとって道徳的能力の行使に必要である」という条件がほとんどすべての働きを果たす。

しかしこの新たなテストもロールズとフリーマンがそれに求める働きを果たすことはできない。この新たな定式化においては、左派リベラルの市民的・政治的諸自由はロールズ＝フリーマン・テストを通るかもしれないが、そうであるならば、トマーシーが『自由市場の公正』で提示したあらゆる理由から、（広範囲の契約の自由と生産手段を私有財産として所有する権利のような）資本主義的な経済的諸自由もテストを通ると考える同様に良い根拠がある。トマーシーの議論はロールズとフリーマンの議論をほとんどそのまま反映している。ロールズとフリーマンはしかしながら、ロールズ＝フリーマン・テストが左派リベラルの諸自由を含むのに十分であるほど広いが、古典的リベラルの経済的諸自由を排除するのに十分であるほど狭いものであることを望む。トマーシーは、ロールズもしくはフリーマンとパラレルに、人々は十全な資本主義的諸自由なしでも二つの道徳的能力を簡単に涵養できる一方で、そのような諸自由なしにはそれらの能力を十全に行使することはできないとシンプルに主張できる。

もしロールズとフリーマンがこれに反論したいのであれば、彼らは二つの道徳的能力の行使としてなにをカウントするかについてのイデオロギーに満ちた構想を使用しなければならないかもしれない。私は彼らが論点先取なしにそのような解釈を提示できるかについては懐疑的であるし、ロールズ主義者がそれを行ったところもみたことがない。反対に、なにが正義感覚の能力の十全な行使としてカウントされるかについてのトマーシーの見解は、単にトマーシーがより広い観点を持っているがために、より直観的であり理論以前の問題としてもっともらしい。トマーシーは、正義感覚の能力の行使や善き生を送ることとなんらかの形で関係していると直観的に思われる物事の長大なリストを提示している。ロールズとフリーマンはそのリストを半分に減らし、同時にこの短縮されたリストが完全なものであると主張する。

ここで政治的諸権利について検討してみよう。正義感覚を行使し、かつ善き生の感覚を涵養しそれに基づいて行為する能力を行使することがなにを意味するのかについて、論争の片方に明らかに肩入れした見方ではなく、常識的な観点から問うよう心がけよう。常識的な観点からみれば、少なくともどこかの誰かは、もっといえばほとんどの人々が、選挙権や被選挙権を持たずとも正義感覚と善き生の感覚を効果的に行使することができることは明白であるように思われる。選挙権や被選挙権を取り上げることは（別の理由から）不正であるかもしれず、（別の理由から）あなたの尊厳に対する侮辱であるかもしれないが、そのような諸権利を喪失してもなお正義感覚と善き生の感覚を保持し行使する人が少なくとも一人は確実に存在するであろう。結局のところ、この章の全体にわたって論じてきたように、これらの諸権利が個人に多くを可能にすることは稀である。正義感覚を行使するためには、言論と結社の自由の諸権利の方が断然重要である。これらの諸権利は実際に個々の生を形成する物事を行う力を各人に与える傾向にある。しかし、繰り返しになるが、ロールズとフリーマンによればなにかが基本的自由であるためにはそれはすべての人にとって不可欠でなければならない。

　この点は選挙権や被選挙権だけではなくそのほかの基本的諸自由についても適用できるように思われる。信教の自由や職業選択の自由に多大な制約を恣意的にかけたとしても、典型的な人は正義感覚と善き生の感覚を効果的に行使しうる。たとえば、アメリカがアメリカ人にゼウスを崇拝することを禁じたとしよう。もちろんこれは信教の自由の侵害である。しかしながらほとんど誰もゼウスを崇拝したいとは思っていないため、これは誰の道徳的能力の行使も実際には妨げない。

　繰り返しになるが、ロールズとフリーマンはこれらの諸権利を持たない場合には定義上道徳的能力を真に行使することはできないと主張するかもしれないが、これを彼らが論点先取ではない仕方で行う方法はないようにみえる。ロールズとフリーマンは私たちの基本的諸自由がなんであるかを決定するために、道徳的能力を涵養し行使することはなにを意味するのかについての直観的な観念を使用することを意図していた。そのため私たちは、正義感覚の行使という観念をイデオロギーで満たしてはならない。いずれにせよ、もし彼らが人はそれらの諸権利なしでは真に道徳的能力を行使できないと単純に主張しようとするのであれば、彼らが基本的諸自由のリストから排除する資本主義的諸権利についても同様のことが言えるとするトマーシーの指摘に対して脆弱になる[43]。

したがってロールズとフリーマンはさらにテストを修正しなければならない。彼らは基本的自由と二つの道徳的能力との間の異なる説明上の関係を探求する必要がある。以下の空欄を埋めよ。二つの道徳的能力を［　　　］場合にのみ、ある種の自由は基本的自由としてカウントされる。いくつかの候補を挙げてみよう。

涵養するか行使するために有用であるかもしれない——この修正案は一見すると良いように思われるが、よく考えてみるのならば広すぎる。いかなるリベラルもそれが基本的自由であるとはまともには考えられない多くの物事も、道徳的能力の涵養と行使のために有用でありうる。たとえば、経験的にいって、一〇歳児に他人を傷つける経験をさせることが道徳的能力の涵養に有用であることが明らかとなったとしよう（一〇歳児たちは他者が傷つくのをみて恐怖を感じ、それによって罪の感覚を形成し、共感と公正さの感覚をよりよく涵養できるようになるかもしれない）。しかしながらそれでも（もしそれが適切な年齢における教育プログラムの一部としてのみ許容されるとしても）、他人を傷つける権利が基本的自由であると主張することはおかしい。しかし、この修正案はまさにこのことを含意する。そのようなものとして、ロールズ＝フリーマン・テストのこの修正案は広すぎ、したがって退けられなければならない。

涵養するか行使することを促す傾向を持つ——この修正案は一つ前のものよりも厳しいが、それでも広すぎる。一つ前の修正案について議論した問題がここでも適用される。経験的にいって、他者に危害を与える特定の物事を人々に許すことが道徳的能力の涵養を助ける傾向を持つこと

> が明らかとなるかもしれない。そうであったとしても、他者に危害を与える権利は基本的諸自由の一つであるとは言わないであろう。しかし、この修正案はまさにこのことを主張する。またこの修正案は、別の点でロールズとフリーマンの目的にとって狭すぎる。結局のところ、ロールズとフリーマンは平等な選挙権と被選挙権は単に基本的諸自由であるだけではなく最も重要な基本的諸自由であると主張することを望む。しかしながら第二章と第三章でみてきたように、政治心理学における利用可能なエビデンスは、政治的諸権利（そして政治的言論の諸権利）の行使はほとんどの人々の二つの道徳的能力を涵養する能力を促進するのではなくむしろ妨げることを強く示している。ロールズ主義的な基準で判断した場合にも、政治は私たちのほとんどにとって悪いものであり、私たちのほとんどを劣化させる(44)。
>
> 最大限涵養し行使する傾向を持つ——この修正案は一つ前のものと同一の問題に直面する。

ある自由が基本的自由であるかについてのロールズ＝フリーマン・テストは、それがすべての人にとって正義感覚と善き生の感覚の能力を涵養し十全に行使するために必要でなければならないというものである(45)。フリーマンが参照している一節においてロールズはこの点を明示的には述べていないが、ロールズはすべての人にとって必要でなければならないと考えていたとフリーマンは主張する。

ロールズとフリーマンがこの基本的諸自由のテストを自らが基本的諸自由と呼ぶものに適用することを試みるかすら、私には定かではない。彼らは二人とも、なぜなんらかのありうる諸権利——言論の自由や投票の権利など——がテストによれば基本的諸自由でありうるのかを、それらの特定の諸権利が二つの道徳的能力の涵養に有用であるかもしれないことや、これらの諸権利に対する制約が能力の涵養を妨げることを示すことによって説明しようと試みている。(46) たとえば彼らは、もし様々なライフスタイルについて読んで知ることを政府が禁ずるのであれば、善き生の様々な構想を評価することは困難となると論じている。しかしながら、ロールズとフリーマンにとっての問題は、そのように行うことが不可能ではないということであり、そしてそこまで困難でさえないかもしれないことである。ロールズとフリーマンは、正義は検閲を禁じると考えているが、人々はかなりの検閲を伴う体制の下でも正義感覚を簡単に涵養することができる。北朝鮮レベルの検閲では無理かもしれないが。

基本的諸自由のロールズ゠フリーマン・テストはうまく機能しそうにない。私たちは政治的諸自由と二つの道徳的能力の涵養および行使との間にいかなる適切なつながりもみつけることができなかった。

私は本書において、エピストクラシーとデモクラシーとの間の選択は大部分道具的なものであると論じている。私たちはよりよく機能するシステムを選ぶべきである。私はなにが基本的自由の条件であるかについてのロールズやフリーマンの理論を受け入れないが、そうであったとしても、以上で示したように彼らの理論を私の議論のために用いることはできる。ロールズとフリーマンによれば、全員が二つの道徳的能力の涵養と行使のために必要とするまさにその場合にのみ、それを基本的自由とみなせる。しかし二つの道徳的能力を涵養し行使するために選挙権や被選挙権は必要ない。したがって、ロールズの正義の第一原理はエピストクラシーに対する異論とはならない。ロールズは——次の章でその一部を検討するように——エピストクラシーに反対するそのほかの異論を持っているかもしれないが、ここで扱った特定の異論は成功しない。

要約：本質的な無力さ

デモクラシーにおいては、すべての市民が平等な根本的政治的権力を保持している。デモクラシーは各々の市民に根本的政治的権力の平等な取り分を保障するのではあるが、これはしかしながら本当に小さな取り分である。

変数Pを政府の権力の総量として定義しよう。絶対君主制においては、支配権は一人だけのものである。法制上は、君主が権力をP保持している一方で、ほかの全員の権力は0である（もちろん、事実上は、君主はP以下の権力を保持しており、一部の臣民は0以上の権力を保持しているだろう）。

代議制デモクラシーにおいては、法律上は、N＝市民の数であるとした場合、各々の市民は総体的な権力のP/Nの取り分を持っている。もちろん市民が事実上持っている権力はまちまちである。大統領、議員、ロビイスト、影響力のあるセレブリティや評論家等々はより多くの権力を持っており、ほかの人々はより少ない権力しか持っていない。

しかしながら、もしそのような不平等な影響力が除去されうるとしても、デモクラシーにおいて各々の市民は権力のP/Nの取り分を持っているということは誤解を招く。投票者もしくは潜在的な公職候補者としての能力についていえば、典型的もしくは平均的な市民は0以上である極小の権力δを持っているとしたほうが良い。ほとんどの市民にとって、政治的活動を通じて違いを生み出すチャンスは消え入るばかりに小さい。
私はアメリカにおいて約1/210,000,000の法律上の投票力を持っている。私は過去一〇年間私の国の軍事活動に積極的に反対してきた。だが、タカ派の候補者に反対の投票を行ったからといってアメリカの好戦性を1/210,000,000減らしたということにはならない。私は一発の弾丸も止めることができなかった。私はなんであれいかなる影響も与えなかった。同様に、私は資本利得税をゼロまで減らし、代わりにより高い付加価値税を導入することを選好する。しかしながら私の活動は、どんな種類の税に対してもなんの変化も与えなかった。最後に、私は国境開放の熱心な支持者である。しかしながら、私の投票の結果としてただの一人もアメリカへの移住を許可されなかったのであり、国外追放の前にアメリカに一秒でも長くとどまることをただの一人に対しても可能にしなかった。私が行った政治的活動は法や政策になんの影響も与えなかったのであり、おそらくこれからも与えないであろう。そして、あなたが私より良い立場にいない限り、同じことはあなたについても言えるのである。

デモクラシーと比較した場合のエピストクラシーに対する不満の一つは、それが一部の市民から権力の取り分を奪うということである。しかし、市民は権力のパイの一切れを奪われるのではない。単にパンくずを奪われるだけである[47]。

デモクラシーは私たちに力を与えるというアイデアは直観的ではあるが、それは無意識のうちに分解の誤謬に依拠しているのかもしれない。デモクラシーは確かに独裁制が行わない仕方で私たちに力を与える。しかしながら、デモクラシーが私たちに力を与えるとしても、それはあなたや、私や、あなたの友達や、母親や、成人した子どもには力を与えない。デモクラシーが個人に力を与えることはない。それは個人から力を奪い、代わりにその時々のマジョリティに力を与える。デモクラシーにおいて、個々の市民はほとんど無力である(48)。

私が提示した基本的問いのうちの二つを思い出してみよう。

・政治的諸権利と政治参加は個人にとって善いか。

・正義の問題として個人は選挙権と被選挙権を付与されるのか。

デモクラシーはなんらかの方法であなたに力を与えるというアイデアは、これら両方の問いに対して「イエス」と答えることを正当化するとされる。しかし、デモクラシーは実際のところあなたや私には力を与えないため、これらのいずれの問いに対しても肯定的に答える理由はみつけられていない。

二〇一五年のモンマス大学の世論調査は、変化を起こす手段としての価値が個人の政治参加にあるかについてアメリカ人がますます懐疑的になってきていることを明らかにした(49)。五四パーセントは「非政治的活動に携わることの方が周囲の世界により影響力を持つことができる」と信じており、たったの「二八パーセントが行政と選挙に携わることが自らのコミュニティに変化をもたらすための方法であると答えた(50)」。一部の人々はこれをアメリカの公衆がシニカルになってきていることの証左として捉える。それはそれで正しいのかもしれない。しかしながらこのケースにおいてシニシズムは公衆の信念をより現実的で理にかなったものに変えているのである。

（1）Stanton 1894, 482–83.

（2）Cholbi 2002, 549.

（3）Harper 1898, 801 で引用されている。

（4）Brennan 2016.

（5）政治的正統性の同意理論のさらなる論駁については、Huemer 2013, 20–58; Wellman and Simmons 2005, 116–18 を参照。

（6）Huemer 2013, 32–33. ヒューマーは、政府が個々の市民に対しては義務を負っておらず、全体としての公衆に対してのみそれを負っていると最高裁判所が判断した近年の三つの異なる判例を参照している。

（7）Wellman 2005, 9.

（8）Australian Electoral Commission, “Voting within Australia: Frequently Asked Questions,” 2013, http://www.aec.gov.au/faqs/voting_australia.htm#not-vote（二〇一六年一月五日最終アクセス）.

（9）Birch 2009, 9.

（10）Matt Zwolinski, “Medical vs. Democratic Consent,” Bleeding Heart Libertarians, June 1, 2011, http://bleedingheartlibertarians.com/2011/06/medical-vs-democratic-consent/（二〇一六年一月五日最終アクセス）.

（11）Faden and Beauchamp 1986, 235–373〔邦訳一八三―二〇八頁〕.

（12）たとえば、Mackie 2009 を参照。

（13）たとえば、Dahl 1990; Noel 2010 を参照。ほかに、Grossback, Peterson, and Stimson 2006; Grossback, Peterson, and Stimson 2007 も参照。実際に、アメリカのアドバンスド・プレイスメントの政治学のテストでは「なぜ政治学者は選挙の負託理論に対して懐疑的であるのか」という問いを学生に答えさせる設問が時になされる。

（14）Catherine Rampell, “Your Senator Is (Probably) a Millionaire,” *New York Times*, November 25, 2009, https://economix.blogs.nytimes.com/2009/11/25/your-senator-is-probably-a-millionaire/（二〇一六年一月五日最終アクセス）.『エコノミスト』紙はアメリカの国会議員の平均総資産は四四万ドルしかないとしている。“Politics and the Purse,” *Economist*, September 19, 2013, http://www.economist.com/blogs/graphicdetail/2013/09/daily-chart-14（二〇一六年一月五日最終アクセス）を参照。

（15）Alfred Gottschalck, Marina Vornovytskyy, and Adam Smith, “Household Wealth in the U.S.: 2000 to 2011,” https://www.census.gov/people/wealth/files/Wealth%20Highlights%202011.pdf（二〇一六年一月五日最終アクセス）〔リンク切れ；

同記事は以下のリンクから閲覧可能 https://www.census.gov/content/dam/Census/library/working-papers/2014/demo/wealth-highlights-2011-revised-7-3-14.pdf（二〇二一年五月三〇日最終アクセス）〕.

（16） "Fredrik Reinfeldt Net Worth," Celebrity Net Worth, http://www.celebritynetworth.com/richest-politicians/presidents/fredrik-reinfeldt-net-worth/（二〇一六年一月五日最終アクセス）.

（17） この種の議論については、Rousseau 1997; Gould 1988, 45-85を参照。キャロル・グールドは、デモクラシーは自律的な自己統治の善にとって必要であり、市民はデモクラシーに対する権原を持つとまで主張する。

（18） Christiano 2009, 238.

（19） Christiano 2008, 65.

（20） Ibid., 61-63, 101, 115, 154などを参照。

（21） クリスティアーノの議論はより複雑である。簡単に言えば、正義はすべての人が社会によって平等者として処遇され、またその利害関心が平等に促進されることを要求すると彼は考えている。すべての人は、世界の中で居場所《ホーム》を持つことの利害関心を含む三つの根本的利害関心を持っている。自らの利害関心が平等に促進されているという確信を人々が得るためには、正義は単になされるだけではなくなされたことがみてとれなければならない。そして私たち全員が抱えている多様な認知バイアス、利己バイアス、認知的欠点に鑑みれば、正義がなされたことをみてとることのできる唯一の方法は全員が平等な政治的権力を与えられることである。これはなぜデモクラシーが正当化されるかについての議論であるが、政治的諸自由が各人にとって価値があることを示すことを目的とする議論も含んでいる。私のここでの社会構築説と地位説についての議論はクリスティアーノの議論に対する挑戦となる。

（22） この主張を擁護する洗練された議論としては、Tuck 2008, 30-98を参照。

（23） すべての参加者に加えて参加可能であった非参加者でさえも選挙結果に因果的に責任を持つという主張の擁護としては、Goldman 1999を参照。

（24） Christiano 2008, 61. ここではWalzer 1988, 14〔邦訳三一—三三頁〕が引用されている。

（25） デモクラシーにおいては我ら人民それ自体が海であると指摘することによって、このメタファーに異論を唱える人がいるかもしれない。その場合、私たちのそれぞれが平等に影響力を持つ水分子であるかもしれない。しかしながらこの海には波があり、各々の水分子は波に対して無力である。

（26） Berlin 1998.

(27) Pettit 1996, 578, 581.
(28) Lovett 2014.
(29) Ibid.
(30) Pettit 2012.
(31) 選挙権を持つことは、支配の定義からして非支配の状態にあるための必要条件であると論じられるかもしれない。しかしながらこれは、そのように定義された支配をいかなる明白な価値もないものにしてしまうように思われる。
(32) 選挙権を持っていない場合に、かつその場合にのみ人は支配されると主張されるかもしれない。この見解では、選挙権を持つことは、国家が市民になにをするのかとは関係なしに、自動的に支配されていないことを意味することになってしまう。これはさらなる議論に値しないほどにもっともらしくないように思われる。
(33) たとえば、Pettit 2012, 181 を参照。ペティットは、共和主義的デモクラシーはユートピア的アナーキーよりも望ましく、常に誤ることなく正しいことを行う天使による社会であっても、共和主義的政府の創設によって改善するとまで主張している。この主張はこの上なく奇妙であるように思われる。
(34) Rawls 1996, 5-6〔邦訳八頁〕.
(35) たとえば、ある影響力のある経済学者が財政政策について誤った見解を持っているとしよう。もしこの見解が広く信じられるのであれば、人々はそれに基づいて投票し、経済成長を滞らせる。もし政府がこの経済学者を検閲するのであれば、その経済学者の誤ったアドバイスに従う政治家に対する市民の投票を阻止できる。
(36) Freeman 2007, 470.
(37) Ibid.
(38) 政治学における支配的立場は、選挙支出を生産財ではなく消費財とみなす。献金は勝者を追いかけるのであり、勝者を作るわけではない。ロビイングと汚職は存在するのだが、選挙資金それ自体が問題なのではない。誰が勝つかもしくはどのような政策を勝者が実行するのかを選挙資金が変化させるエビデンスはほとんどない。たとえば、Ansolabehere, de Figueiredo, and Snyder 2003; Stratmann 2005; Hall and Deardroff 2006; Baumgartner et al. 2009 を参照。
(39) Freeman 2007, 54.
(40) Ibid., 55.
(41) Samuel Freeman, "Can Economic Liberties Be Basic Liberties," Bleeding Heart Libertarians, June 13, 2012,

http://bleedingheartlibertarians.com/2012/06/can-economic-liberties-be-basic-liberties/（二〇一六年一月七日最終アクセス）.

（42） Ibid.

（43） Tomasi 2012.

（44） たとえば Brennan 2012b; Westen 2008; Haidt 2012 を参照。

（45） Rawls 1996, 293〔邦訳三五〇頁〕.

（46） Ibid., 315–29〔邦訳三七四―三八九頁〕; Rawls 2001, 18–26〔邦訳三一―四四頁〕を参照。

（47） 私がこの例をベン・ソーンダースから得たことは確かである。

（48） この好例については、Pettit 2012, 155–63 を参照。ペティットは、多くのページにわたって、ある人が他者によって制約される場合にも、その人が制約をコントロールすることができるのであれば、従属させられてはいない可能性があると論じている。たとえば『オデュッセイア』において、オデュッセウスはセイレーンの歌を聴きたいという決定をした。彼は船員に、自分をマストにくくりつけ、耳に蝋を詰め、セイレーンの方へ向かえとのいかなる命令をも無視するように命じた。船員は彼を縛りつけその命令を無視したにもかかわらず、オデュッセウスはある意味コントロールを失っていなかった。彼は船員によって従属させられたり、支配されたり、コントロールされてはいなかった。ペティットは、民主的集団は同種のコントロールを法に対して集合的に行使することができると主張する。しかし、集合体のメンバーである個人がコントロールや影響力を有しているといえるかは疑わしい。集合体は個人を制約する政府をコントロールするのであるが、ここから集合体を構成する個人が自らを制約する政府をコントロールしているということは引き出せない。

（49） この点はロブ・テンピオに教示いただいた。

（50） Phil Gregory, "Jaded View of U.S. Government Deters Many from Political Involvement, Survey Finds," *News Works*, July 13, 2015, http://www.newsworks.org/index.php/local/new-jersey/83999-jaded-view-of-us-government-deters-many-from-political-involvement-survey-finds（二〇一六年一月七日最終アクセス）〔リンク切れ：同記事は以下のリンクから閲覧可能 https://whyy.org/articles/jaded-view-of-us-government-deters-many-from-political-involvement-survey-finds/（二〇二二年五月三〇日最終アクセス）〕.

第五章　政治はポエムではない

崇拝本能というものはいまだに私たちに強く染み付いているため、君主やそのような類の人物を神聖なるものとして処遇する余力をおよそ使い果たしてしまった私たちは、私たち自身のうちの多数者に対して同様の崇敬を捧げるにやぶさかでないのだ。

オーベロン・ハーバート

「国家教育――助けとなるか、妨げとなるか」

数年前、投票の倫理学を扱った前著にて、私は次のことを書いた。

選挙権の価値は、「その道具的価値以外の」なにかに存する。個々の票は大した実用性を持ちはしない。選挙権はむしろ平等な人格性のしるしなのだ。ナチスはユダヤ人に、劣位性のしるしとして、ダヴィデの星を身につけさせた。選挙権は、平等の隠喩的なしるしである。(1)

当時の私は、平等な投票権はある種の象徴的価値を持つのだ、という通説を受容していた。私たちは、街広場の彫像やポエムによって各市民の平等な尊厳を表しうるのと同じように、市民たち一人ひとりに選挙権を与えることで、市民たちの平等な尊厳を表しうる。いまや私は、このような考え方は深刻なほどに不適切であると考えている。

前章では、デモクラシーがなんらかの有意な仕方で個人に力を与えるかどうかを検討した。私は次に、デモクラシーと政治参加を支持するための、異なる部類の議論に目を向けたい。これらの議論は、デモクラシーの象徴的力、人々に平等な政治的権利を与えることが表すもの、人々に不平等な権利を与えることが表すもの、そしてそのように表されたものが人々の自尊心と社会的地位に対して与える影響、といった事柄に広く焦点を当てる。これらの議論は、デモクラシーと参加が個人にとって善い、ということと、個人は選挙権と被選挙権を正義の事柄として付与されるべきである、ということの両方を示そうとしている。

多くの人々は、すべての人々が根本的な道徳的平等を共に享受するということを自明なことと見なす。多くの人々は、正義に適った政府は全員の人生が平等な価値を持つかのように行為すべきである、ということについては最低限納得している。多くの人々は、デモクラシーを支持するための議論、あるいはエピストクラシーに反対するための議論を、この根本的平等に基づかせることを欲している。エリザベス・アンダーソンが述べるように、「［選挙権における］普遍的包摂への圧力は、平等の要求から導かれる……一人ひとりの成人は、すべての人々がその下で生きることになる諸々のルールに関して主張するための、他の全員の平等な権威を積極的に承認するのだ(2)」。

本章で私は、デモクラシーを支持しエピストクラシーに反対するための記号論説（*semiotic arguments*）と私が呼ぶものを主に攻撃する。デモクラシーを支持するための記号論説は、全員に平等な根本的権力を授けることが尊重を表し、伝え、あるいは象徴する、という考えに依拠している。関連して、エピストクラシーに対する記号論的異論は、人々に権力（あるいは平等な権力）を授けないことが不尊重を表し、伝え、あるいは象徴する、という考えに依拠している。多くの哲学者も一般市民も同様に、各市民に同じ基本的な政治的権力を授けることは、各市民は同じ基本的な道徳的価値を備えるという考えを正しくも表すのだ、ということにもっともらしさを見出している。多くの人々はまた、フォーマルな仕方で市民たちに不平等な権力を授けることは、市民たちは不平等な道徳的価値を備えるという考えを不正にも表すのだ、という見方にもっともらしさを見出している。

私が定義するところの適切な記号論説は、デモクラシーを支持するための、あるいはエピストクラシーに反対するための他の議論から独立している。記号論説は、デモクラシーがなにを示すかに関わるのであり、デモクラシーがその代替案よりもうまく働くかどうか、あるいはデモクラシーがとりわけ公正かどうか、といった事柄には関わらない。

記号論的異論をテストするため、そしてそのような異論がなんらかの独立した力を備えるかどうかを明らかにするために、私たちは非記号論的異論を脇に置かなければならない。したがって私たちは、記号論的根拠によってデモクラシーをエピストクラシーあるいは他の統治形態と比較するにあたって、エピストクラシーについての懸念は、それがなにを示し、あるいは表すか、という点の他にはなにもないのだ、と想像しなければならない。

なんらかの類のエピストクラシー——たとえば、あまり知識を持たない一部の投票者が投票から排除されるようなエピストクラシー——が、一貫してデモクラシーよりもうまく働くことがわかったと仮定しよう。多くのデモクラシー理論家や一般市民はそれでも、一部の市民をその他の市民よりも政治的に有能な者としてラベリングすることには、明白に不尊重を表すようななにかがある、と結論づけたくなるだろう。エピストクラシーは、ある種の不道徳なエリート主義を表すように思われる。この類の懸念は、エピストクラシーに対する真正な記号論的異論であるように見える。この懸念に類するものが、デモクラシーを支持するための適切な記号論説を基礎づけるために用いられるかもしれない。

記号論的異論の一例として、政治理論家パブロ・ジラベールによる以下のような文章を考えてみてほしい。ジラベールは、非民主的政治構造はまさにその本性において市民たちの尊厳を侮辱するだろう、と述べる。

おそらく間違いないことだが、二級市民とされること（それは非民主的体制において通常起きることである）は、個人の尊厳を傷つけるもの、あるいは適切な配慮を欠くものである。次のようなことを言われたり、それを実践的に含意するような仕方で扱われたりすることは、侮辱的である。「私たちの根本的な集合的決定は、他の誰のものでもあるのと同様に、あなたのものでもある。ただしあなたは他の人々に比べて、それらの決定の形成に参加するためのより少ない権利にしか値しないのだが。」……本人が実際に侮蔑的だと感じるかどうかにかかわらず、そこにおいて平等な参加権よりも少ない参加権しか有さないような基本的な政治構造に対して従属することは、事実として、本人の尊厳に対して侮辱的である(3)。

ここでジラベールは、デモクラシーが他の統治形態に比べて、自由を保護したり社会的正義を促進したりするという役目をよりうまく果たすかどうか、ということについて論じているのではない。そうではなく彼は、不平等な政治的権力は劣位性を示し、侮蔑的なメッセージを発するのだと指摘しようとしているのだ。

同様に、哲学者クリストファー・グリフィンは、「社会的生活の基本的ルールに関する不合意というコンテクストにおいて権力の平等な分け前を与えないことは、二級市民性の公的宣言である」と主張する(4)。エストランドは、エピストクラシーはある者たちが他の者たちよりも支配するにふさわしいという考えに依拠しているため、「不快な比較（invidious comparisons）」を含意するのだと訴える(5)。あるいは、哲学者としてのキャリアの半ばにおいて象徴説（symbolic arguments）に感銘を受けるようになったロバート・ノージックによる、次のような一節を考えてみてほしい。

民主的諸制度と、それに調和して機能する諸自由は、政府の権力をコントロールすることや、それらを共同の関心事であるような事柄へと向けるための単なる効果的手段なのではない。それら自体が、明白かつ公式に、私たちの平等な人間的尊厳、私たちの自律と、自分自身を方向付ける力を表し、象徴するのだ。私たちが投票を行うのは、……部分的には、自らの熟慮された判断あるいは意見でさえも他者の判断や意見と等しい重みを与えられなければならないような、自律的かつ自己統治的な存在としての私たちの地位を表出し、象徴的に是認するためである[6]。

ノージックは彼のキャリアを通じてリバタリアンであり続けたが（〔リバタリアニズムから〕転向したという話は誤りである）、その哲学の早期の表現に関して彼が不適切であったと考えた点の一つは、政治の表出的価値に対する自らの無頓着さであった。

政治理論家も、哲学者も、そして一般市民も、デモクラシーをその代替案よりも好むための、印象的なほどに幅広い象徴的あるいは記号論的理由を提示してきた。

・デモクラシーは、すべての市民が平等であることを表すために必要である。
・デモクラシーは、適切な社会的承認や、ある人の行為者性の承認のために必要である。
・デモクラシーは、自尊の社会的基盤として必要である。
・デモクラシーは、他者によって尊重されるための社会的基盤として必要である。
・デモクラシーは、社会の正規の成員としての適切な包摂のために必要である。
・非民主的構造は、それがどれだけよく統治されているかにかかわらず、市民たちの尊厳に対して侮辱的である。

本章で私は、これらの類の象徴的、記号論的、および尊重基底的な主張は、私たちにとって民主的諸権利がなんらかの真正な価値を持つということを示すことに失敗している、と論じる。これらの主張は、エピストクラシーよりもデモクラシーを選択したり、エピストクラシーよりもデモクラシーがより本来的に正義に適っていると考えたりする良い理由を提供しない。

記号論的主張の背後にある真実

記号論説は、明示的に不道徳な態度を記述するときに最大の力を持つ。したがって、明示的にすべての白人には投票権を与え、黒人には与えないような成文憲法を有する共和国を想像してほしい。建国者たちは、明らかに人種主義のためにそのようにしたのだと仮定しよう。また、この憲法を修正するための法的手続きが存在しないと仮定しよう。

さて、一つの明らかな懸念は、そのような政府は悪い結果を導くだろう――つまり、黒人を一貫して無下にし、害し、搾取するだろう――というものである。しかしこれは、政治的アパルトヘイトに対する記号論的異論ではない。この懸念は、政治体制がどれだけうまく働くかに関わるのであり、体制がなにを表すのかに関わるのではない。原理的には、黒人を投票から排除する体制は、黒人が投票することを許すシステムよりも、(排除自体を別とすれば)黒人を良く処遇することはありうる。そのため、この点はここでは脇に置こう。

かわりに、数世代後には、この想像上の社会の誰一人としていささかも人種主義者ではなくなった、と想像してみよう。いまや社会の全成員が十全に知識を得ており、完全な正義感覚を備えるようになったとする。白人有権者は、黒人の平等な市民的および経済的諸権利を十全に尊重し、彼らの利害関心を等しく促進するような政治的方針に投票する、と仮定しよう。つまり、黒人は政府が制定するいかなる政策についても、投票権の問題を別にすれば、他の不平をまったく持たないのだと想像してみよう――政府はまさに黒人たち自身が支持することを行うのだ、と。

それでもなお、この状況において黒人たちは、憲法の記号論について真正な不平を抱く。憲法の採択者たちは、まったく文字通りに、黒人たちは劣っているのだという考えを憲法が表すように仕向けたのだ。したがって、当然ながら、黒人たちは尊重されていないと感じるはずである。

しかし、ミルやカプランやクラウディオ・ローペス＝ゲーラに加わって私がデモクラシーへの代替案として暫定的に唱えた類のエピストクラシーは、このようなものではない。[7] 私たちは、ある個人や集団や人種に対して不正な軽蔑や不尊重を表すために、人々を排除したり、人々の権力を減じたりしたいわけではない。そうではなく私たちの目標は、より良く、より実質的に正義に適った政策成果を生み出すことである。

したがって、このアパルトヘイトの例は記号論説にとって勝利を示すものではない。もし誰かが人種主義的態度を示そうという明示的な意図をもってなにかを行い、かつ、この行為者にこの意図があることをもし全員が知っているならば、その行為が人種主義的態度を示すだろうというのは驚くべきことではない。これはなんら面白みのない結論である。しかし以下で見ていくように、記号論説に依拠する論者たちは、そのような推論は本人の意図にかかわらず成功する、と論じたいのだ。その論者たちは、デモクラシーは本来的に尊重を示すのに対して、もしエピストクラシー体制を実施することの目的がより実質的に正義に適った結果を生じさせることだとしても、いかなる人物が実際になにを感じ、信じ、あるいは表そうと意図するかにかかわらず、エピストクラシーは本来的に不尊重を示すのだ、と断言したいのである。

デモクラシーが表すもの

すべての人の人生には、なんらかの意味において、他の誰の人生とも同じくらい価値があるのだ、と私が考えていると仮定しよう。あるいは、正義に適った政治システムはすべての市民を、その人生と利害関心が等しく重要であるかのように扱うべきであると私が考えていると仮定しよう。つまり、政府は誰かを他者よりもひいきすべきではないのだ、と。平等に対するこれらの一般的なコミットメントからなんらかの形態のデモクラシーや代議制統治に対するコミットメントへと至るような明白な論理的帰結はない。いずれの政治システムがこれらの平等を最もよく促進するかというのは、見たところ、開かれた経験的な問いであるように思われる。エピストクラシーが結局のところデモクラシーよりも賢く、かつその理由によって平等な成果を促進するためによりうまく機能することが判明する、ということはありうる。例を挙げるならば、麻薬戦争がマイノリティの人々に対して及ぼす結果について、また犯罪率はどのように、なぜ減少しているのかについて、また「犯罪に対して厳しく」あることがマイノリティの人々に対して過大な危害を及ぼす傾向があるのはどのようにしてか、ということについて、アメリカの投票者は無知である傾向がある。エピストクラシーはこの問題を軽減しうる。

というのもエピストクラシーにおける投票者は、犯罪やドラッグに関するアメリカの政策が逆効果であることを知っている見込みがより高いからである。

理想的な、適切に機能しているデモクラシーにおいては、すべての市民は等しい根本的な政治的権力を有する。デモクラシーはその点で平等主義的である。デモクラシーは、全員に等しい投票権を授けることによって、すべての人が平等であるという考えを表すのだ、と断言する人もいるかもしれない。しかし、仮にそれが真であるとしても、私たちは次のように問わねばならない。なぜ私たちは、平等をその仕方で表すべしとするなんらかの道徳的要請がある、などと考えるべきなのか。

すべての人は平等である、という考えを表す方法は数多くある。諸々の社会は、その旗に平等のシンボルを描くことができる。主要都市に平等の像を設置することもできる。すべての生徒が平等について話し合う国民平等の日を導入することもできる。あるいは、口先だけではなく行動し、衡平な結果を生み出すことが事実の問題として判明した統治形態であればなんであれ選択するようコミットすることもできる（もしその形態がエピストクラシー的であることがわかったとしても）。

ほとんどの人が平等というものを信じているが、平等の理想はまさになにを要請するのか、という問題は大いに論争されている。ある人は、それは物質的資源の平等を必要とするのだ、と主張する。別の人は、それは物質的資源の平等を禁じるのだ、と考える。つまり、人はそれぞれ異なるのだから、もし全員が等しい物質的資源を得ることを保障してしまうと、不平等に扱うことになってしまうだろう、と言うのである。平等の理想は資源を獲得する平等な機会を要請するのだ、と主張する人もいる。また、それは物質的平等からの逸脱が全員の便益になることを単に要請するのだ、と言う人もいる。

すべての市民が等しい権利を持つことが肝心だと主張する人もいるが、まさにどのような権利をすべての市民が平等に持つべきかについては見解を違える。ロールズは、平等が社会民主主義を必要とすると考える。ジェラルド・コーエンは、平等が社会主義的なアナキズム的社会を要請すると考える。リバタリアンは、平等が資本主義的なアナキズム的社会、あるいは最小国家ないし夜警国家を要請すると考える(8)。これらの人々の各々が、自らの〔構想する〕社会こそ市民たちの根本的な道徳的平等を表し、他の統治形態はそれを表すことに失敗する、と考えているのだ。

ある意味で、この論争の当事者たちはみな正しいと言える。つまり、政治的権力や物質的資源や財産権を分配するこれらの仕方のいずれも、たしかにある種の平等に基礎づけられうるため、いずれの社会もそれぞれの仕方で平等主義的なのだ。ここでの見解の相違は、人々が平等者として見なされ、そのように処遇されるべきか否かについてのものではなく、むしろ、どの仕方によって人々は平等者として処遇されるべきであり、どの仕方では平等者として処遇されるべきではないのか、についてのものである。人間の平等に対する基本的なコミットメントは、善き社会とはどのような社会であるか、ということをほとんど決定してはくれない。

ここで私は、すべての人格の平等な地位や価値に対するコミットメントがデモクラシーに対してなんらかの直接的なつながりを持つということについて私が懐疑的であるのはなぜか、ということを一般論として述べた。しかし私は、以降の数ページにわたって、このつながりとは一体なんであるのかを説明しようと試みる特定の議論を検討し、それらに反論していきたい。

優位性の判断

クリスティアーノは、民主的法に従う義務があることを示すための議論を、部分的に記号論的根拠に基礎づけている。彼が論じるところによると、もし私が民主的法を軽視したり、それに従うことを拒否したりするならば、「私は事実上、これらの事柄についての私の判断力は［私の市民仲間の判断力］よりも良いと言っていることになる。……私は事実上、私自身を神のように、そして他の人々を子どものように扱っていることになる」[9]。民主的法に従うのを拒否することで、私は他の人々の判断力を私の判断力と同等のものとして扱うことに失敗する[10]。民主的法に従うのを拒否することで、私は「［私の］判断を他者よりも優先させ、［かつ、］……事実上、［私の］利害関心が他の利害関心よりも優位にあることを表しているのである」[11]。そのような態度を表すことは道徳的に不正であり、したがって民主的法に従わないことは不正である[12]。こうした懸念を抱く高名な哲学者はクリスティアーノだけではない。上で言及したように、エストランドも同様に、エピストクラシーが不快な比較を含むだろうと心配している。

私がいましがた引用した文章において、クリスティアーノの目的は民主的法に従う道徳的義務を擁護することにある。彼は、エピストクラシーに記号論的異論を提起することを主目的としているわけではない。それでも私が彼の議論を取り上げるのは、エピストクラシーが記号論的根拠からの異論を招くことをその議論が示唆するからである。自身が賛同しない民主的法に違反するという選択は、自身の市民仲間の政治的判断力に対する軽蔑と、不道徳な優位性の態度を表すのだ、とクリスティアーノは信じている。したがって彼の推論は、無能な者に参政権を認めないことはいっそう大きな軽蔑といっそう強い優位性の見解を表す、ということを示唆している。

制限選挙制やその他の形態のエピストクラシーは、たしかに、ある市民たちは他の市民たちよりもよい政治的判断力を有するという考えをはっきりと表す。結局のところエピストクラシーは、なんらかの仕方で、政治的権力を政治的能力に基づいて割り当てることを試みる。エピストクラシーの諸制度は、ある人々が神で他の人々は子どもである、という考えは表さないであろうが、政治的な事柄となればある人々が他の人々よりもよい判断力を有している、という考えをたしかに表すのだ。

クリスティアーノは、そのような見解を表すことは道徳的に不正だと考える。おそらく彼の意見では、本書において擁護される見解は単に誤っているだけではなく、私は本書を書くことによってなにか道徳的に不正なことをしていることになるのだ。しかしクリスティアーノの理論的立場には、不可解なことがいくつもある。

第一に、クリスティアーノは次のような不可解な主張をする。ある人の判断力を他の人々のそれよりも優れたものとみなすことは、その人物の利害関心をより価値あるものとして「事実上」みなすことなのだ、と。この主張を支持するためのクリスティアーノの主要な議論は、人々は自己奉仕バイアスに陥る、というものであるように思われる。そのため、もし私たちがある人々の政治的判断力を他の人々のものよりも特権化するならば、特権化された者たちは、他者の利害関心を犠牲にしつつ自らの利害関心を促進するような仕方で権力を行使するだろう。

自らの判断力に過剰な自信を抱くようなバイアスが一般的に人々にかかっているとはいえ、私がこれまでの章で論じたように、経験的エビデンスは、投票者には自己利益のために投票するようなバイアスがかかってはいない、ということを争いようもないほどに示している。それどころか、私が第二章でレビューしたように、経験的エビデンスは、市民が自ら国益とみなすもののために投票していることを争いようもないほどに証明している。自分は国益のために投票しているのだと投票者が信じている、ということだけをエビデンスが示しているのではないことを思い出してほしい。むしろ、市民の投票行動は、市民の利益に適ったものとして政治科学者が独立に定義するものによっては予測されない、ということを政治科学者たちは争いようもないほどに発見している。エピストクラシーにおける投票者人口が何千人かそれよりも多い限り、私たちは、エピストクラシーにおける投票者が利己的ではなく利他的に投票することを予期することができるのだ[13]。

さらに言えば、クリスティアーノが自己奉仕バイアスについて懸念しているとしても、それはエピストクラシーの無条件の拒絶を要請するようには思われない。それはむしろ、どのようなものであれ人々にかかっているバイアスを所与とした場合に、エピストクラシーがデモクラシーに比べて正義を促進する役目を果たすためにより良く働くのか、それともより悪く働くのか、という問いを、経験的な問いとして開かれたままにしておくのだ。もし人々にバイアスがかかっているならば、そのことが要請するのは比較制度分析を行うことと、より良く働くシステムならなんであれ選択することである。

第二に、ある市民たちが他の市民たちよりも劣った規範的ないし政治的判断力を有する、という見解を表すことが、なぜ正義に適っていなかったり不正であったりするのかは明らかではない[14]。すべての市民が等しく基本的な道徳的権利をもつ、という点について、私はクリスティアーノに賛同する。加えて、政府はある人々の利害関心を他の人々のそれよりも特権化すべきではない、という点について私は賛成である。このことのいずれも、ある人々は政治的な事柄――特定のトピックについても、一般的にも――について他の人々よりも劣った判断力を有する、と私が考えることを妨げはしない。

　政治の内外のほぼいかなるトピックについても、ある人々は他の人々よりも優れた判断力を有する。見解の不一致や、多様性や、自己奉仕の認知的バイアスにもかかわらず、私たちは、ある人々が他の人々よりも優れた判断力を有するという正当化された真の信念を形成することができるし、実際に形成するのだ。外科医である私の義兄は私よりも優れた医学的判断力を有する、ということをわたしは正当にも信じている。情報システム技術者である私の兄弟はコンピュータについて私よりも優れた判断力を有し、私が雇う配管工はパイプ整備について私よりも優れた判断力を有する、ということを私は正当にも信じている。カンタス航空のパイロットは操縦について私よりも優れた判断力を有する、ということを私は正当にも信じている。そして私は、疑いようもなくある程度の確証バイアスと自己奉仕バイアスにとらわれているものの、ひょっとすると次のことを正当にも信じている。私は――エリート研究大学におけるストラテジー・経済学・倫理学・公共政策学教授を任じられており、英語圏における最上位の政治哲学プログラムにおいて博士学位を取得しており、トップ・ジャーナルと学術出版社において強力な査読付き出版歴を持つ、この私は――私の市民仲間、それもその多くの大集団に比べて、非常に多くの政治的な事柄についてより優れた判断力を有するのだ、と。もし私が私自身についてこのように考えていないとしたら、私は政治経済学の科目を講義するたびに、自分は詐欺師なのではないかと感じることだろう(15)。

そのような判断（なんらかのトピックについて、ある人は他者よりも多くを知っており、より良い判断力を有するのだ、という判断）は、ある人々が他の人々よりも端的に（tout court）良い、というさらなる判断を必ずしも伴わないことに留意してほしい。私が雇う配管工は配管については私よりも優れているが、私は彼が私よりも端的に優れているとは思わない。私は私が雇う配管工よりも経済学的推論については優れているが、私は私が彼よりも端的に優れているとは思わない。

ある人がより優れた規範的ないし政治的判断力を有する、と判断することは、市民が知っていることについての経験的研究をひとたび検討すれば、さらに問題がないように見えてくる。第二章で見たように、経験的エビデンスが証明するところでは、政治に関する最も基本的な問いについてさえ、ほとんどの市民はなにも知らず、多くの市民は無知にも満たない。公衆が社会科学的な事柄について体系的誤りを犯すことを示すエビデンスがある。アメリカの公衆は基準を下げている。五歳になる私の息子キートンは経済学がわからないが、平均的で最頻値的なアメリカ人は重商主義者である。これが意味するのは、経済学に関する多くの問いについて、キートンはアメリカの公衆全体よりも優れているということである。キートンは無知なだけだが、公衆は誤っている。キートンは経済学についてよく理解していないかもしれないが、彼は少なくとも、アメリカのほぼ全員がそうであるように重商主義者であるわけではない。

これらの異論を考慮して、デモクラシーの記号論的擁護者は、ある人々が他の人々よりも優れた判断力を有すると判断することは本質的に尊重を欠くわけではない、ということに賛同しつつ、今度はそのような判断を表すことが通常は尊重を欠くのだ、と異議を唱えるだろう。ある人々が他の人々よりも良い判断力を有すると信じるのは結構だが、私たちはこの信念を胸中に秘しておかねばならず、制度を通じてそれを表すことは避けるべきなのだ、と。

この例証として、外科医である私の義兄デイヴィッドは、自分はほとんどの人々よりも優れた医学的判断力を有するのだ、と正当にも信じている。彼がこの信念を抱くことは道徳的に不正ではない。しかしそのことは、彼が〔アメリカのディスカウント百貨店である〕ターゲットの店内を練り歩き、会う人たち全員に対して、彼がその人たちよりも優れた医学的判断力を有するのだと言って回るべきだ、ということを意味しない。そのような行いは、傲慢や軽蔑を表すだろう。

しかしながら、なにか重大なものが危機に晒されている場合がある。そのような場合には、ある点において誰が他の人々よりも優れているのかをある人が公的に判断し表明することは、許容可能なこと、あるいは義務的なことにさえなりうる。実際のところ、デモクラシーの支持者はこのことに賛同するように思われる。つまり、私たちが政治家に投票しているとき、私たちはより良い候補者――よりリーダーとしてふさわしい者――を探しているのだ、とデモクラシーの支持者のほとんどが考えているように思われる[16]。

たとえば、もし誰かが、ターゲットでショッピングをしているデイヴィッドの目の前で喉を詰まらせたならば、彼は謙遜しているべきではない。人の命が危機に晒されているのだ。彼は自分が医者であることを宣言し――そうして彼が他の人々よりも優れた医学的判断力を有することを表明し――喉を詰まらせている人を助ける任を負うべきである。その場に居合わせたボブという医学的訓練を受けていない人が、次のように言うと仮定してほしい。「おい、デイヴィッド先生。僕だって喉を詰まらせた人を助けたいんだ！　あなたが彼を助けると言い張るのは失礼だよ。あなたと僕は平等者なんだ。誰が助けるかを決めるためにコイントスをすべきだよ。さもないと、僕は傷つくよ。」このシナリオにおいて、ボブはひどい行いをしている。デイヴィッドが事に当たるべきであり、ボブは自惚れるのをやめるべきである。もしボブが彼とデイヴィッドが平等者であると心から信じているとしても、彼はこの信念をいいかげんに抱いているのであり、彼はこの信念に従って行為すべきではない。

　ある人々が他の人々よりも優れた判断力を有するという見解を表明することは、ある条件下では不道徳ないし尊重を欠くことでありうるが、他の条件下では、許容可能であり、あるいは義務的なことでさえありうる。このことを、政治的な例に適用してみよう。ある邪な悪魔が次のように言ったと仮定しよう。「おまえたちが、どの市民が他の市民よりも優れた政治的判断力を有する傾向があるかをそこそこうまく特定するのでない限り、私はおまえたち全員をより低質な政府のもとに置かれるように——したがって、より多くの不正な戦争や、貧者を害する悪しき経済政策や、より多くの偏見や、より多くの貧困や苦痛に直面するように——運命づけるような呪文を唱えてやる。」この場合、悪魔に脅された私たちには、より有能な者たちをより有能でない者たちから区別するよう試みる正当な理由があるということになるだろう。もし人々が侮辱されたように感じたとしても、お気の毒ですねとしか言いようがなく、人々は大人になるべきだ。より有能な者たちをより有能でない者たちから区別することの要点は、無能な者たちを侮辱することではなく、むしろ邪な悪魔が私たちに負わせようとする悪しき政府から私たちを救うことにある。

だが、この状況は多かれ少なかれ、現実世界において邪な悪魔はデモクラシーであるという点を除けば、私たちが置かれた状況であるとエピストクラシーの支持者が主張するものである。さて、エピストクラシーの支持者は誤っているかもしれない――ひょっとしたら、デモクラシーはエピストクラシーよりもうまく機能するのかもしれない――が、私たちが目下のところ考察している問題は、エピストクラシーが尊重を欠くような記号論を有するのかどうか、というものである（次の点を思い出してほしい。デモクラシーを支持する記号論説は、もしエピストクラシーがよりうまく働くとしても私たちはエピストクラシーではなくデモクラシーを用いるべきなのだ、ということを示そうとしている）。もしデモクラシーの危険性とエピストクラシーの長所についてのエピストクラシー支持者たちの考えが正しいならば、自分はより優れた医学的判断力を有するのだという見方をデイヴィッドが表明したことが正当化されたのとちょうど同じように、ある人々が他の人々よりも優れた政治的判断力を有するという見解を表明することは正当化されるのである。もしこのことが投票者たちの気に障るならば、投票者たちは上述の例におけるボブと同様に振舞っているのであり、それを我慢する道徳的責務を負うのだ。私たちは、単に人々が自身の政治的能力について気にしているとか、それについて正当化されない信念を有するとかいった理由で、国の喉が詰まるままにしてはならない。政治についてある人々が他の人々よりも優れた判断力を有するという見解を表明することを避けるために、私たちはより正義に適っていない政策や、不正な戦争が引き起こされるより大きな見込みや、より深刻な貧困といったものを甘受すべきだ、などと言うことは、とりわけそうした［ある人々が他の人々よりも優れた政治的判断力を有するという］判断が真であるような場合には、奇妙なことである。

このような懸念への応答としてクリスティアーノが言うには、正義はただ為されなければならないのではなく、為されているように見えるのでもなければならない[17]。もし根本的な政治的権力が平等に分配されれば、市民は全員の利害関心が平等に促進されているのだと信じやすいだろう。もし権力が不平等に分配されれば、市民は政府がある人々を他の人々よりもひいきしているのだと信じやすい（あるいはそのような疑念を抱きやすい）だろう[18]。もし、ある市民たちが投票権を与えられ、他の市民たちがそれを与えられないならば、人々は前者の利害関心が促進されているのに対して、後者の利害関心は促進されていないのではないか、という疑念を抱くかもしれない。

しかし、そのような疑念は、政治的権力の分配における正義の理論を基礎づけるに十分ではない。クリスティアーノが抱える問題の一つは、見るというのが議論の成功の鍵となる動詞である、という点だ。物陰に幽霊が実際にいるのでない限り、人は物陰に幽霊を見ることはできない。正義が実際に為されているのでない限り、人は正義が為されているのを見ることはできない。そこで、正義に適った結果の促進において、エピストクラシーがデモクラシーよりも優れていることが明らかになった——これは明らかになるだろうが——と仮定しよう。もしそうであれば、エピストクラシーではなくデモクラシーを打ち立てたとしても、正義が為されるところを市民が目撃するということは起きないだろう。せいぜいのところ、正義が為されるところを目撃しているのだと市民が誤って信じる、ということぐらいしか起きないだろう。エピストクラシーに対する市民の疑念がよく根拠づけられている場合にのみ——つまり、全市民の利害関心を衡平に促進するためにデモクラシーがエピストクラシーよりも実際にうまく働く場合にのみ——、クリスティアーノの異論はうまくいくのだ。その場合には、記号論的懸念はもはや決定的ではないだろう。むしろ私たちは、単にデモクラシーがよりうまく働くのだという理由で、デモクラシーを手にするべきなのだ。しかし、もしエピストクラシーがデモクラシーよりもうまく働くならば、正義が為されるところを市民が目撃するためには、市民はエピストクラシーを目撃する必要があるだろう。

では、クリスティアーノが見解を修正し、次のように述べたと仮定しよう。正義が為されていると人々が信じることが重要なのであり、ある状況の下では、正義が実際に為されていることよりも、正義が為されていると人々が誤って信じていることの方が重要であるかもしれない、と。たとえば、人々がひどく頑固であることがわかったと仮定してほしい。仮に、デモクラシーよりもエピストクラシーの方が実質的正義をより生み出すことについて、私たちが争いようもないほどの証明を得たとしても、このような人々はなおエピストクラシーを不正なものとみなすだろうし、その結果、エピストクラシーはデモクラシーよりも安定しないだろう。もし不安定性がかなりのものであれば、ひょっとしたらそれは、エピストクラシーがもたらしうるいかなる実質的便益をも上回り、エピストクラシーよりもデモクラシーを支持すべき理由となるだろう。しかし、次の点に注意してほしい。このような場合には私たちは、デモクラシーを支持する記号論説から離れ、すべての事情を考慮したならばいずれの体制がよりうまく働くと言えるか、という道具主義的な問いへと向かっているのだ。

平等な政治的権力と自尊の社会的基盤

ロールズが論じるところでは、正義は全市民が等しい基本的な政治的権力を与えられることを要請する。第四章で私は、この結論に至る彼の議論の一つに対処した。ここでは、私は第二の、記号論説に焦点を当てる[19]。

哲学者スティーヴン・ウォールがロールズの議論を要約して述べるように、ロールズは「政治的諸自由の公正な価値の保障が、リベラルな社会における全市民の自尊の保障において肝心であると述べる。」ロールズの議論は、「社会において確立される政治的諸制度が、自尊の社会的要素に重要な仕方で影響する、というもっともな思考から始まる。ある制度編成は、他の制度編成よりも、市民が互いを道徳的平等者としてみなすことを促すためにより良く働く。……政治的自由の公正な価値……の公的な表明は、全市民の平等な地位の承認である[20]」。市民が互いを〔平等者として〕みなすよう促す、公的な表明、そして承認、といった記号論的な言葉づかいに着目してほしい。

フリーマンは次のように主張する。

ロールズが論じるところでは、よく秩序立った民主的社会において自尊のために要請される地位は、平等なシティズンシップの地位を有することから生じ、そのことは平等な基本的諸自由を要請する。より不利な立場にある人々が、たとえば選挙権を放棄することで、彼らの自尊の主要な基礎を毀損することは合理的なことではない。というのも、それは「彼らの劣位性を公的に確立するという効果をもつのだから……」。このような従属的な序列は、たしかに、恥辱を与えるものであり、自尊にとって破壊的だろう。[21]

これは強固に記号論的な議論である。ロールズとフリーマンは、単にデモクラシーが市民の公共的平等を表明する一つの方法であると断言しているのではない。彼らは、デモクラシーがこの平等の表現にとって肝心であると考えているのだ。ロールズと（ロールズに賛同している）フリーマンは、相対的に不利な立場にある者が選挙権を放棄することは、もしそのことがその者たちの厚生を大いに改善するとしても、不合理なことであろうと信じている。なぜなら、それは「恥辱を与え、」「自尊にとって破壊的であり、」そして不利な人々が従属的であるという考えを表すだろうから。

これらの自尊基底的なデモクラシーの擁護論には、どこか奇妙なところがある。市民に選挙権を与えることは、市民に自分自身に対するいくばくかの権力を与えるのみならず、他者に対するいくばくかの権力をも授けるのだ、ということを思い出してほしい。それは市民を、人々を振り回し、その意志に反して様々なことを行うよう強いることのできるような集合体の一部とするのだ。ある人や諸集団に、見知らぬ人々に対するコントロールの権利——弱いコントロールの権利だとしても——を与えることは、正当化を必要とする。

デモクラシーはポエムや絵画ではない。デモクラシーは政治システムなのだ。それは根底においては、正統な暴力の独占を主張する制度が、どのように、いつ暴力を行使するかを決定する方式である。

ロールズ自身が信じるように、政府と政治的構造は、協働の便益を保障し、正義を促進し、平和を保障することを促すためのものである。それらは第一義的には、自尊心を高めたり、維持したり、制御したりするための制度ではない。

ある市民が、陪審となるには知的に適していないという根拠で、陪審を務めることを繰り返し却下されたと仮定しよう。この市民は正気を失っているのでも、知的に障碍があるわけでもない、と仮定しよう。むしろ、個別のケースにおいて、この市民が識別可能な程度に非合理的であったりバイアスを有していたりするという理由で、検事や被告側弁護士がこの市民を却下するのだ。さて、当の市民が次のように不平を言ったと仮定してほしい。「こんなことは私の自尊心を傷つけている。私に陪審を務める能力がないとあなたが考えることは、私にとって気分の良いことではない。それに、私がまた却下されたことを友人たちに伝えたら、友人たちは私のことを嘲笑うだろう。こんなことは、私の社会的地位を傷つけるのだ。」ここでこの市民は、自らの人種や、性的指向や、ジェンダーや、性別や、その他の拭い去ることのできないような特徴のために却下されているわけではない。この市民が却下されるのは、誰もが、正しくも、正当化しうる仕方で、この市民はろくに務めを果たさないだろうと結論づけるからである。この市民は、うまく務めを果たすことを選ぶこともできる――自らの欠点を克服することもできる――のだが、そのために努力をするつもりはない。もしそれがこの市民の自尊心や社会的地位を傷つけるならば、私たちのほとんどは単に、お気の毒さま、と思うだけであろう。

同様に、靴屋の販売員が、法学の教育をなんら受けていないという根拠で、自らの州の最高裁判所の判事を務めることを繰り返し却下されたと仮定しよう。そして、このことでその人が気を悪くすると仮定しよう。この販売員もまた、こんなことは自分の社会的地位を傷つけている、なぜなら裁判所の判事は靴屋の販売員よりも高い地位にあるのだから、と不平を言うだろう。もし靴屋の販売員が、最高裁判所の判事になれないことについて残念に思ったとしても、お気の毒にとしか言いようがない。最善の応答は、誰でも最高裁判所で任務につけるように基準を下げることではなく、むしろ販売員が我慢することである。もしくは販売員は、法学を学んで資格を得ることもできる。

あるいは、次のことを考えてみてほしい。今日のアメリカの男性にとって、一般的に言って魅力的であるような多くの女性とセックスすることは大きな社会的地位をもたらすものである。対照的に、もしあなたが四十歳の異性愛者の童貞であれば、あなたはジョークの的になる。人々はあなたを負け犬と呼ぶだろう。さて、ある四十歳の童貞であるアンディが、不本意にも性的関係に無縁であることについて深く恥じ入っていると仮定しよう。彼の友人たちが、彼が童貞であることを知り、そのことで彼を嘲ると仮定しよう。そのような場合においてさえ、私たちは、アンディの社会的地位や自尊心を保護するためといって、女性の身体に対する一定のコントロールをアンディに授けるべきではない。これは関連性のない例に見えるかもしれないが、そうではない。政治的権力は、他の人々の身体に対するコントロールなのだ。現代の諸政体は、人々がなにを食べてよいかについて、どのような薬物を使ってよいかについて、どこへ行くことが許され、どこへ行くことが要請されるかについて、そして他の成人と同意に基づいてセックスしてよいかどうかについてさえ、より多くの決定を下している。ある人々に他の人々よりも少ない政治的権力を授けることや、全員に等しい政治的権力を与えないことが、人々の自尊心を害したり、人々の相対的な社会的地位を下げたりすることを私たちが認めたとしても、このことがなぜ正義の観点から問題であるのかはいまだ明らかではない。私たちは、上述の他のケースでは、人々の社会的地位や自尊心を保護するためといって、他者に対するなんらの権力もコントロールもその人々に与えることが適切であるとは考えない。したがって私たちは、選挙権と被選挙権は〔上述のケースとは〕異なるのだ、ということを示すさらなる議論を必要とする。

ロールズの記号論説のもう一つの問題は、その議論が、デモクラシーがなにを表すのかについての非常に偶然的な見解に依拠しているように思われる、というものである。私たちは互いに尊重を示しあうべきであり不尊重を示すのを避けるべきである、ということは恣意的でないのだが、私たちがそれらを示すための実践やジェスチャーや言葉といったものは恣意的である――もちろん、そうした行為が危害を与えたり、搾取的であったり、権利を侵害したり、頽廃的であったり、財の誤配分をもたらしたりする場合を除けばだが。そのような場合と異なり、もし他の問題がなにもないならば、私たちの行為がなにを伝達するかということは、単に社会的に構築された事実でしかないように思われる。したがって、たとえば、あなたを銃撃することは、あなたに危害を加え、あなたの権利を侵害するから不尊重を示すのだ。しかし、私があなたに向かって中指を立てることが不尊重を示すのは、単に私たちがたまたまそのジェスチャーにその意味を付与したからに過ぎない。それを尊重を欠くものであるとみなすべき追加的な理由はないのだ。私たちは中指に、愛国的な、宗教的な、あるいは恋愛に関わる意味をかわりに付与することもできたのである。私たちは中指を立てることを一種の敬礼とすることもあり得たのだ。

このことは、私たちが伝達する事柄についての事実があるということを否定するものではなく、むしろ、非記号論的な懸念がない場合には、これらの事実は偶然的であり、原理上は修正に開かれているように思われる、ということを認めるものである。諸社会は特定の行動に意味を付与するコードを構築する。こうしたコードに照らして、ある行動は道徳的に悪しき意味を徴すのだ。

事実の問題として、ほとんどの人間は政治的権力をある種の威厳と結びつける傾向にある。ほとんどの人間は、人の根本的な道徳的地位はその人の政治的地位によって表され、その逆もまた然りである、と考える傾向にある。国民国家はクラブのようなものであり、人々は投票したり公職選挙に出馬したりする権利をナショナル・クラブの正規のメンバーシップを徴すものとして扱う傾向にある。ほとんどの人々は、こうした権利を欠いた市民はナショナル・クラブのジュニア・メンバーのようなものであると信じている。ほとんどの人々は、政治的諸自由を欠いている人々を見下す。投票権を欠いている人々は、したがって、自らの低い地位に恥辱を覚えるだろう。そしてそのために、自尊の社会的基盤はたしかに平等な政治的権力に依存している、というのがもっともなことであるように思われる。しかし、それはひょっとすると、私たち西洋のリベラル・デモクラシー支持者がたまたま有する考え方の偶然的な特徴でしかないのかもしれない。

その理由を例証するため、次のように想像してほしい。私たちの文化において、あるいは人類一般として、私たちは自らの政府から赤いスカーフを与えられることをメンバーシップや地位の証と結びつける傾向にある。あなたは、十八歳になってあなたの政府が発行した赤いスカーフを得るまでは、あなたのナショナル・クラブに正規に所属していることにはならない。

さて、政府が同性愛者たちを除く全員に赤いスカーフを与えると仮定しよう。同性愛者たちは憤慨するだろう。そして、政府が自分たちに赤いスカーフを与えるのを拒否することは、同性愛者たちが二級の劣った人々として考えられていることを表すのだ、と主張するだろう。その政府の行動は、同性愛者たちを、より地位が低くより価値のないものとしてみなすように、（同性愛者たち自身を含む）人々を仕向ける傾向にあるだろう。同性愛者たちとその共感的な支持者たちは、街に繰り出し、同性愛者たちがスカーフを与えられることを要求する理由をもつだろう。誰もが赤いスカーフについて考える仕方を所与とするならば、スカーフを一つ持っていることはある意味できわめて重要なこととなる。

同時に、私たちは次のように言うことができる。「赤いスカーフの所有に身分や地位を付与すべき深い理由などないのだ。人間の尊厳は、実際はスカーフになど依存しない。人々がそのように考えるのは、単にばかげた、偶然的な心理的ないし文化的事実である。人々はそのように考える必要はないのだ。」赤いスカーフは、単に社会的構築の所産としてのみ価値をもつのであり、それも社会的構築の奇妙な所産なのだ(22)。そのような社会的慣行がないところでは、赤いスカーフはその価値を有してはいなかったであろう。

ひょっとしたら私たちは、政治的諸自由や、道徳的地位と政治的権力とを結びつけることについて、同じことを言うことができるかもしれない（政治的諸自由は結局のところ、政治的権力への権利である）。もしかすると、人の根本的地位と政治的権力との間にはいかなる内在的あるいは本質的なつながりもないのかもしれない。ひょっとしたら、人々が人間の尊厳と選挙権を結びつける傾向にあることは、単に偶然的な心理的ないし文化的事実でしかないのかもしれない。

この結びつきは、単に偶然的なものである。私が見る限り、地位と政治的権力との間には内在的あるいは本質的なつながりなどない。人々が人間の尊厳を政治的権力と、より具体的には選挙権と結びつけがちであるのは、偶然的な、心理的ないし文化的事実である。私たちは、人々がこうした類の態度を欠き、その他の点では私たちの世界によく似ているような〔別の〕世界というものを容易に想像することができる。〔その世界では〕人々は、大統領を威厳あるものと考えたり、大統領という役職を崇敬されるに値するものと考えたりするのではなく、単に大統領を公共善の管理長として考えている。選挙権と被選挙権がより低次の威厳を表すものであるとか、そのような権利がナショナル・クラブのメンバーシップのしるしとなるとか言ったりするのではなく、人々はこれらの権利を、運転免許や理容師免許や配管工免許とまったく違わないような免許とみなしうる。私たちは、一国の地位を国際的な政治的権力と結びつけず、個人の地位を権力と結びつけないような人々を想像することができる。実のところ、私たちはそのような人々を単に思い描くことができるだけではない。そのような人々は実在するのだ！　私もその一人である。そこに住む全員が互いを平等な地位をもつ者としてみなしあうようなエピストクラシーの社会を想像するのは、難しいことではない。ひょっとするとこの人々は、エピストクラシーがより衡平な結果を生み出す傾向にあると考え、その理由によって、エピストクラシーへのコミットメントが平等へのコミットメントを表すと考えているために、エピストクラシーを支持しているのかもしれない。

そのため、平等な投票権は、偶然的な態度や偶然的な社会的構築の所産としてのみ、平等な人間の尊厳への尊重を表すように思われる。もしそうであるならば、このことは、これらが良い態度ないし良い社会的構築物であるかどうかという問いを開かれたままにしておく。ひょっとするとこれらは、逆に、悪しき態度ないし悪しき社会的構築物であり、私たちが変えるべきものなのかもしれない。

政治的権力がいかなる地位をも与えないような世界は、私たちの世界よりも良いものであるかもしれない。私たちは尊敬を政治的権力に結びつける。しかしそのようにすることは、過去に恐るべき記録を残してきた(23)。あらゆるネイションや、君主や、皇帝や、大統領や、上院議員や、地方検察官や、警察官や、平均的な投票者が、罰せられることもなく歴史上で為してきた悪行や不正義を考えてみてほしい。いずれも、私たちが政治的権力に地位や崇敬や身分を付与し、そのような威厳ある地位に敬譲するせいで為されたことである。さらに、そもそも君主や大統領や地方検察官がそのような悪行を為す理由の一つは、彼らが地位を権力と結びつけるからである。たとえばヘンリー八世の戦争には、彼の(あるいは彼のほとんどの臣民の)個人的な富や快適さを増進する見込みなどなかった。彼がこれらの悪逆非道を犯したのは、大部分は、政治的権力の増大に付随してくる特権と地位を彼が欲したからである。ほとんどの人々は、自分が認めるよりも多くの崇敬を権力に対して向けている。権力と権威のロマンスは、なぜ人々があれほど頻繁に政府主導の不正義に意欲的に協力してきたのかを、部分的に説明するのだ。

ほとんどの人々は、選挙権と被選挙権に象徴的意味を与える。しかし、人々がこれらの権利に与える意味を無批判に受容すべき道徳的要請などない。私たちはむしろ、私たちが投票権に与えている記号論を修正するよう道徳的に要請されているかもしれないのだ。

その理由を理解するため、ほとんどのロールズ主義者が、人々は政府の免許なしに医療を行うことを禁じられるべきである、と信じていることに注目してほしい。しかし私たちは、アメリカ人が選挙権にたまたま付与しているのと同じ記号論を医療を行う権利に付与するような文化や社会を想像することができる。したがって私たちは、無能であることを根拠として医師免許を与えられないことが恥辱を与えたり、自尊心に対して破壊的であったりするような社会を思い描くことができる。ひょっとすると、一部の人々は実際にこのように考えているのかもしれない。たとえばリバタリアンの中には、そうした免許要件のすべてが人々の尊厳に対する軽蔑を表す、と考える者もいる。

それでも、ロールズ主義者は動じないだろう。ロールズ主義者たちは、不尊重を示すのを避けるために私たちはすべての人が医者になることをただ許すべきだ、ということに賛同しないだろう。むしろ、医者に免許を与えることの要点は人々の健康を守ることである、と言うだろうし、この実践には強力な帰結主義的根拠があるのだ、と力説するだろう。問題となっている文化は、なにが尊重を示すものとして数え入れられるかについて、ただその見解を修正すべきなのだ。

もう一つの例証を考えてほしい[24]。ある文化が、死者を尊重する最善の方法はその腐った死体を生で食べることである、という考えをもつようになったと仮定しよう。その文化では、死者を食べないことは不尊重を表し、腐った生の人肉を食べることは尊重を表すだろう、ということは実際に（社会的に構築された）事実であろう。しかし、生の腐った死骸を食べることには人々を病気に罹らせる傾向がある、と仮定してほしい。実際、その傾向はある。パプアニューギニアのフォレ族はかつて、死者を食べるという慣行（同族の死者への尊重を示すものと彼らが考えていた慣行）があったために、致命的なプリオン感染症に苦しんでいた。そのようなケースでは、その文化は、その慣行を廃絶し、その記号論を修正する立派な理由をもつだろう（それはまさにフォレ族が行ったことである。自分たちのコードが破壊的であることに気づいたとき、フォレ族はそれを変えたのだ）。言語と社会的慣行は、その効用において必ずしも等しくはない。この仕方で尊重を表すのは、人々を病気にし、死に至らせやすい。腐った人肉を食べることと尊重を示すことを等しいこととする解釈慣行は、破壊的な、悪しき習慣なのだ。その文化の民は、変化をもたらすべき強力な道徳的根拠をもつ。尊重を表すためにはなにが必要であるかについての当該文化の記号論自体に、道徳的欠陥があるのだ。

あるいは、いくつかの文化において女性は女性器切除を受けることを求められている、ということを考えてほしい。そのような切除は、集団に対する忠誠と尊重、あるいは宗教に対する忠誠と尊重のしるしとなる。しかしながら、この慣行の多くの形態（陰核切除や陰門封鎖）は、きわめて有害である。そのようなケースでは、問題となっている諸文化は、それらが女性器切除に負わせている記号論を修正する強力な根拠をもつのだ。

こうした類の推論を、エピストクラシーの問いへと向け直してみよう。議論のために、エピストクラシーがデモクラシーに比べてより多くの正義に適った成果を生み出すと仮定してほしい。それは、私たちが投票権に対して付与している意味を修正すべき強力な根拠を与える。それは、私たちの文化的記号論――平等な投票権に特別な意味を付与する私たちの傾向性――は私たちを害するものである、ということを意味するだろう。パプアニューギニアのフォレ族が死者を食べることに対して付与していた意味を変える強力な理由を持っていたのとちょうど同じように、私たちは、選挙権に対して私たちが付与している意味を変える強力な理由を持つだろう。もしエピストクラシーがデモクラシーよりもうまく働くならば、私たちは選挙権を平等な地位のしるしとして考えるのを止め、それを狩猟や配管の免許と同程度の象徴的力ぐらいしか持たないものとみなすべきなのだ。

私の見解では、デモクラシーとエピストクラシーの間での選択は記号論に関わるものではない。どちらであれ、よりうまく働くような――正義に適った成果をより多く生み出し、市民的および経済的諸権利をより良く守るような――体制がより良いのだ。もし経験的に、エピストクラシーの方がよりうまく働くことが明らかとなったならば、私たちは、選挙権によって尊重を示すという私たちの文化的慣行を当然のものと考えるべきではない。そうではなく、私たちはこの慣行を修正し、運転する権利や医療を行う権利など、他の免許制の権利について考えるのとまったく違わない仕方で、選挙権について考えるべきである。つまるところ、実質的正義がかかっているのだ。それを拒否し、実質的正義の犠牲のもとで投票権の記号論を維持することは、それ自体が道徳的に不正であるだろう。

能力に基づいた権力の不平等分配はエリート主義的に見えるが、それは配管工や理容師の免許の不平等分配よりも本来的にエリート主義的であるということはない。投票権を理容師免許と比較することはしっくりこないように思われるかもしれない。しかしそれは、ほとんどの人々が政治的権力を威厳あるものと考え、配管工事をより低級の仕事として考えているからに過ぎない。繰り返すがこのことは、人々がたまたまそのように考えている、ということに過ぎない。人々はそのように考えなくてもよいのだ。私は個人としてはそのように考えていないし、あなた方も私のようでありうる。

私たちは妬みを道徳的情動として扱ってはならない、とロールズは論じた(25)。妬みは、ポジティブサム・ゲームをゼロサム・ゲームかさらに酷いものへと転化させる恐れがあるのだ。もし私たちが、絶対的な意味において私たちがどれだけ恵まれているかではなく、他者と比べて私たちがどれだけ恵まれているかに焦点を当ててしまうと、私たちは全員の境遇を改善する政策に反して、全員の境遇を悪化させる政策を選ぶことになるだろう。ロールズは、富と所得に関しては、私たちは相対的地位に執着すべきではない、と考える。

富とは異なり、政治的権力はある意味でゼロサム・ゲームである。ある人物が投票力を増大させられるのは、他の人物がそれを失う場合のみである。それでもなお、デモクラシーにおいてさえ、投票者は微小の投票力しかもたない。もし、エピストクラシーがデモクラシーよりも実質的により正義に適った、あるいはより良い帰結を実現することが明らかとなるならば、私たちは妬みに関するロールズの洞察を政治的地位にも適用すべきである。地位の妬みは道徳的情動ではない。私たちは、私たちの福利やその他の正義の関心事を犠牲にしてまで、妬みに身を委ねるべきではないのだ。

不利な集団に対する侮辱

記号論説の一つのバリエーションが述べるところによれば、エピストクラシーが侮辱的であるのは、それが諸個人に不平等な権力を授けるからではなく、それが異なる人口集団の間で権力を不平等に分配するであろう、という理由による。制限選挙のエピストクラシーは、より少ない政治的権力を有することとなるいかなる集団に対しても不尊重を示す。

この議論は、政治的知識と経済的リテラシーはすべての人口集団の間で等しく分散してはいない、という事実に依拠している。第二章で述べたように、基本的な政治的知識についてのサーベイにおいて、高所得の中年男性は、低所得の若い黒人女性に比べて、およそ二・五倍の点数を得る(26)。経済学や社会科学についてのより高度な知識を含む政治的知識を測定する他の試みもまた、類似の結果を生じさせる。

さて、このことに関わる一つの懸念は、それがすでに有利な者たちの利害関心をエピストクラシーが過度に促進する原因となるだろう、というものである。私はデモクラシーの多くの支持者ほど、このことについて懸念していない。なぜならそのような懸念は、人々は自己利益のために投票し、不利な人々は自身の利害関心を促進するような政策を選択するに十分なほど政治について知識を有しており、また、不利な人々が投票する場合には、政治家は有利な人々に対して応答するのと同じくらい不利な人々に対しても応答するだろう、といったことを想定しているように思われるからである。私は、これらの想定は誤っていると考える。もし私が誤っており、これらの想定が正しいとしても、これはエピストクラシーの記号論に関する懸念ではなく、その予期される帰結についての懸念である。私は第八章にて、この問題をさらに検討する。

そこで、次のように仮定しよう。もしアメリカが制限選挙のエピストクラシーに移行したならば、不利なマイノリティの女性は特権的な白人男性に比べて、投票者免許の資格を得ることがはるかに少ないだろう。また、議論のために次のようにも仮定しよう。投票権を持つ公衆はいまや全体としてより知識を有しており、このエピストクラシーはデモクラシーに比べて、より良く、より実質的に正義に適った結果を生み出すだろう、とも仮定しよう。一部の人々は、次のように考えるだろう。このエピストクラシーは、マイノリティの女性の意見にはより価値がないのだというメッセージを発するため、なおも異論を招くものでありつづけるのだ、と。

しかし、ここで起きていることについてはっきりさせよう。ある邪な悪魔が大統領の前に現れ、次のように言ったと仮定してほしい。「私は、ランダムに選ばれた一万人の裕福な白人中年男性か、あるいはランダムに選ばれた一万人の貧しい若年黒人女性か、いずれかの政策選好――多数者投票により決定されたもの――に従うようおまえを強いるつもりだ。さて、おまえはどちらの集団に服従するかを選ばなければならない。私は、おまえが選択した後ではじめて、その人々の政策選好をおまえに見せよう。」このケースにおいて私は、大統領が貧しい黒人女性ではなく裕福な白人男性のアドバイスを選ぶことを推奨するだろう。そのためなおさらのことだが、もし逆の選択をするならば大統領は不正な行いをしている――公衆に対して負う信任義務に違背している――ことになるだろう、と私は考える（第六章にて、このことを示す議論を提示するつもりである）。

しかしこれは、私が白人男性の方が道徳的により優れているとか、より大きな内在的尊厳を有するとか、より価値のある人生を送っているとか、彼らの利害関心により価値があるとかいった理由によるのではない。そうではなく、私は合理的な統計的区別に取り組んでいるのだ。裕福な白人男性は現在のところ、貧しい黒人女性に比べて、政治についてより多くのことを知っている、ということを示す十全かつ恒常的なエビデンスがある。また、政策選好は知識量に依存する――多くの知識を有する投票者は、少ない知識しか有さない投票者に比べて体系的に異なる政策選好を有しており、かつ少ない知識しか有さない投票者は体系的誤りを犯す——ということを示す十分なエビデンスもある[27]。また、人々は自己利益に基づいて自らのイデオロギーを形成するわけではなく、大集団の中で投票する際に人々は自己利益に反して国益と考えるものを選択する、ということを示す争いようのないエビデンスもある。

これと比較して、アメリカにおける医師免許制もまた、体系的に、黒人医師の割合の過少に至っている（黒人はアメリカ人口の一三・一パーセントを占めるが、医師の三・八パーセントしか占めていない[28]）。しかし、多くの人々は割合の過少が問題であるとは考えるものの、このことが、医師免許制が本来的に黒人に屈辱を与え、黒人の尊厳を侮辱するということを示すのだ、などと考える人はほとんどいない。問題は医師免許制自体にあるのではない。そうではなく、黒人が医師になる見込みを下げるような、通底的かつ歴史的な不正義があるのだ。侮辱されたと感じる根拠を与えるのはこれらの不正義なのであって、医師免許制から生じる別種の結果ではない。是正されるべきなのはこれらの不正義なのであって、医師免許制という事実ではないのだ（ただし、はっきりさせておくが、ここで私はメディカル・スクールにおける積極的差別是正措置について、なんら是非の立場を採ってはいない）。

同様に、投票者免許制は、少なくともはじめのうちは、黒人と貧困者の体系的な割合の過少をもたらすだろう（実のところ、義務投票体制を含め、普通選挙制のもとでさえ、黒人と貧困者は白人や富裕者に比べてはるかに投票する見込みが低い[29]）。しかし、投票者免許制が黒人と貧困者を過大に排除する理由の一部は、その人々がすでに虐げられているというものである。たとえばアメリカは、都心部の過密地区をゲットー化し家族を破壊するような麻薬戦争を行う。アメリカは多くのマイノリティを、超満員で機能不全の学校に押し込める。アメリカは、若年黒人男性は刑務所に入るものだという考えに黒人が慣れ親しんで育つことをおよそ確実にするような刑事政策を有する。アメリカは黒人に対して、白人に対するよりも敵対的で暴力的な仕方で警察活動を行う。アメリカは、黒人が事業を始めることを著しく困難にするような一連の免許要件や地区要件を課す。このような例は他にもある。この国は黒人を、大いに不正な仕方で処遇しているのだ。したがって、医師免許制のように、過少な投票力はそれ自体で不正義を創出することはないだろう。それは通底的な不正義の徴候ないし結果なのだ。もし、エピストクラシーにおいて貧しいマイノリティが著しく投票者としての資格を得られずにいることが明らかになったとしても、このことは、エピストクラシーが人種主義的あるいは階級主義的メッセージを発するということを自動的に証明するものではない。このことはむしろ、その社会には通底的な不正義があり、私たちはその通底的な不正義を是正するよう試みるべきである、ということを私たちに示すのだ（繰り返すが、もし誰かが、その通底的な不正義を是正するためにデモクラシーが必要である、と応答するならば、その人は記号論的ではなく、帰結主義的なデモクラシー擁護論を展開していることになる）。

デモクラシーと自己表現

私たちはデモクラシーの表出的価値というトピックを扱っているので、選挙権と被選挙権を保持していることが価値あることと考えられうるのはなぜか、あるいは人々が選挙権と被選挙権を有するべきなのはなぜかについての、残るもう一つの議論を考察しよう。この主張が述べるところでは、政治的諸自由は自己表現の重要な手段である。これを表現説（expression argument）と呼ぼう。

1. 一般的に、各市民にとって、その市民が自らの国がなにをしているか、どのような価値が促進されるべきか、どのような変化がもたらされるべきか、等々についての自らの意見を表現できることは、価値あることである。

2. 政治的諸自由は、市民がこれらの事柄について自らの意見を表現するための価値ある手段である。

3. したがって、一般的に、各市民にとって政治的諸自由には価値がある。

表現説は、私が前の二つの章で考察した他の議論が抱えたものと同じ欠陥を多く抱えている。政治的諸自由を行使することは自己自身を表現するための良い方法ではない。はるかに良い方法が他にもあるのだ(30)。

政治的諸自由は、私たちの態度を他者に伝達するには非効果的な手段である。一票は、表現の道具ではない。それは四つの鍵のみを備え、一つの音を鳴らせば壊れてしまうピアノのようなものである。弦は音程がずれており、錆びている、ということを加えてもよいかもしれない。

先のアメリカ大統領選挙では、私はある候補者に、彼が主戦論的、コーポラティズム的、家父長主義的、金権政治的な二人の悪人のうちでもまだましなほうだと考え投票した。ある同僚は同じ候補者に、彼が真に好ましい変化をもたらすと信じられる人であると考え投票した。誰か別の人が同じ候補者に、自身の友人と同調したいから投票したと仮定しよう。第四の人は同じ候補者に、自国の崩壊を早めたいがために冷笑的に投票したと仮定しよう。私たちの票のいずれも、他者に対してなにを表現したのだろうか。ある人が誰に投票したのかを知るだけでは、その人がなにを表現しようとしていたのかを推理することはできない。

私が他の人々に対して私がどのように投票したのかを明らかにしたらそれらの人々はそれをどのように受け取りそうか、ということについて私たちは知っている。私の投票に賛同する人々は私のことを良い人だと考える傾向にあるだろうし、賛同しない人々は私のことを利己的な、悪い、愚かな、あるいは邪悪な人だと考える傾向にあるだろう（第二章を参照）。そのため私の票は、私がその票によって他者に対して伝達したい事柄を、容易に伝達してはくれないのだ。

あるいは、私が公職選挙に出馬すると仮定してほしい。このことはなにを伝達するだろうか。私は、自分は世界をより良いものへと変化させたいのだ、と主張するかもしれないが、それはあらゆる政治家が言っていることである。なにを伝達したいかについての私の意図に関係なく、公職選挙への出馬は、私が権力と地位に飢えているのだということを伝達する傾向にあるだろう。

以上のことを踏まえるならば、もし私たちが他者とコミュニケーションをしたいのであれば政治的諸自由の行使は効果的でない。それでもなお、時に私たちは、他者に対してではなく私たち自身に対して、私たちの態度を表すことを単に欲することがある。失恋した少年は、最近別れたばかりの元ガールフレンドの写真を人知れず削除するかも知れない。この行いの要点は、自分自身に対して終わりを表明し、幕引きの儀式を遂行することで前に進めるようにすることである。あるいは、ある人は人知れず自分の部屋に黒と赤のペンキを塗り、きたるべきマルクス主義革命への忠誠を表現するかもしれない。私はわざわざ家を出たくない日であってもスレイヤーのロゴ入りTシャツを着るかもしれない。そうすることで私は、素晴らしきスラッシュメタルへのコミットメントを表現するのだ。一部の人々が票をこのような仕方で用いているのは疑いようがない。そのため、政治的諸自由は私たちの態度を他者に対して表すにはほとんど価値のないものだが、それらは私たちの態度を私たち自身に対して表すにはいくらかの価値を有する。

それでもなお、私たちは自己表現のためのより良いはけ口を他にも多く持っている。誰かが自らの政治的態度を自分自身に伝達したいのだとしても、その人は通常、政治的諸自由を行使せずに最もよくそれを達成できる。たとえば市民は、候補者に献金したり、ポエムを書いたり、人形を作って燃やしたりすることもできるのだ。そしてもし誰かが他者とコミュニケーションをとりたいならば、手紙を書くことや、オンライン・フォーラムに参加することや、ウェブサイトを作成することや、YouTubeの動画を制作することなどの方が、投票や公職選挙への出馬よりもはるかに効果的なコミュニケーションの手段である。

さらに、もし票が自分自身を表現するための良い方法だったとしても、これが人々に選挙権を授ける良い理由になりうるのはなぜか、ということが不明瞭である。問題は、票は他者に権力を、行使する、ような表現形態だ、ということである。投票する力を大集団に与えることで、私たちはそれらの人々に自己を表現する能力をひょっとしたら与えるのかもしれないが、これらの表現形態は他者を害したり、正義に適っていない政治的結果を直接的に生み出したりすることもあるのだ。

アーティストの大集団が、次のように述べたと想像してほしい。「私たちは、苦痛に直面する中で神聖なるものが不在であることに対するキリスト教的な実存的苦悩を表現したいのだ。このために私たちは、生きた子どもたちを床に釘づけにし、ちょうど手の届かないところに食糧と水を置いておくような彫像やインスタレーションを創ることを希求する。私たちは、子どもたちが苦しんで死ぬのを観て、子どもたちの苦境に思いを巡らせ、それが私たち自身の苦境のメタファーであると考えよう。」私たちは——その完成品がどれだけ高尚なものだとしても——アーティストがそのようなインスタレーションを作ることを禁じる理由をいくらでも持っている。なぜなら、この自己表現の様態は人々を害し、人々の権利を侵害するからだ。アーティストたちは自分自身を表現する権利を持っているが、この方法によってではない。

あるいは、ある人が次のように述べたと想像してほしい。「私は、正義に対する私のコミットメントを表現したい。このために私は、反対されることなく全員に対して正しい結果を一方的に押しつけることができるように、絶対君主になる必要がある。私の王冠はどこだ。」私たちは、このような要求はばかげていると考えるだろう。もしこの人物が正義に対する自身のコミットメントを表現することに対して強力な関心を抱いているのだとしても、それはこのような人にすべての政治的権力を与える理由にはならない。そうであるとしたら、なぜそれはこのような人になんらかの政治的権力を与える理由になりうるのだろうか。

投票権が自己表現の価値ある形態であるということについて、私は懐疑的である。しかし私は、そのような権利が自己表現の一形態であるのだから私たちは人々にそのような権利を授けるべきである、ということについては、よりいっそう懐疑的である。人々は、自分自身や正義へのコミットメントを表現する権利を有するべきである。しかし、ここで採られるべき解決策は、伝統的なリベラルな解決策である。つまり私たちは、各人に自由な言論の広範な権利を与えるのだ。自由な言論への権利は、人格的自律の領域を創出し、そこにおいて個々の人々は自分自身に対するコントロールの権利を有する。

しかし、私がこのことについて間違っていると仮定しよう。選挙権が自己表現の方法であるのだから各人はその権利を有するべきである、ということを議論のために認めたとしても、各人が平等な投票権を有するべきである、ということを示すためにはさらに頭をひねる必要がある。エピストクラシーのある形態においては、無知な投票者は各々一票を有してよいのだが、適格な投票者は、たとえば、各々十票を得てよい。このケースにおいて、無知な投票者は個人としては適格な投票者よりも少ない表現力を有することになるだろう。個別の票にはあまりにもわずかな重みしかないため、これが深刻な不正義であるとか、自己表現に対する妨げであるのがなぜなのかを理解するのは困難である。

政治哲学者のベン・ソーンダースが言うように、「政治的権力の事柄になると、……各人のシェアはあまりにも小さいため、厳密な平等を要求することは、ケーキの平等なひと切れを要求することというよりは、ケーキのひとかけらを得るために言い争うようなものである」[31]。全員が少なくとも一票を有し、しかし一部の人々が一票よりも多くの票数を有するようなエピストクラシーにおいては、それが意味するのは、ある人々は自己表現の粗末な形態を有し、他の人々はもう少し粗末ではないような自己表現の形態を有している、ということだろう。

次のことを思い出してほしい。私の見解は、エピストクラシーがより質の良い政府とより実質的に正義に適った良い成果を生み出すまさにその場合に、私たちはデモクラシーよりもエピストクラシーを選択すべきだ、というものである。自己表現の脆く非効果的な形態を全員が有することを確かなこととするために、私たちはより質の悪い政府とより悪い結果に苦しむことを選ぶべきだ、と主張することにもっともらしさはないように思われる。もしデモクラシーの支持者が、民主的手続きに本来的に備わり、可能な最善の成果を生み出すことへのコミットメントを上回るようななにかを見出したいのだとしても、見出されるべきものはこれではない。

結論

エピストクラシーは、いくつかの明瞭なメッセージを発する。人々は生まれや居住のみによって、力をもって他の市民に対して押しつけられるような、重大な政治的決定を作り出す有能性があると推定されはしない。集合体としての市民全体もまた、有能であると推定されはしない。しかし、なぜ別の想定をすべきなのかは明らかではない。有能性のいかなるもっともな説明においても、デモクラシーがなんらかの絶対的な意味において有能であるか否かというのは実に開かれた経験的な問いなのだ。私たちが試みたことのある多くの代替案に比べてデモクラシーは通常はより有能である、ということを私たちはかなり確信しているけれども、いまだ試みられていないなんらかの代替案よりもデモクラシーの方が有能であるか否か、ということもまた経験的な問いである。

あなたがいるよりもあなたがいない方が有権者はおそらくより信頼できるだろう、というメッセージを送ることは侮辱的に感じられるかもしれない。しかし、もしそれが——より良く、より正義に適った結果を手に入れるためという——正しい理由によってなされているならば、かつ、もしそのメッセージが正確ならば、それは侮辱的ではない。人々はそれを我慢し、もっと学ぶべきである。

配管免許や医師免許のしくみが本来的にエリート主義的であるのと同じように、エピストクラシーは本来的にエリート主義的である。もしエピストクラシーがデモクラシーよりも悪い帰結を生じさせることがわかったり、それが他の非記号論的根拠のために異論を招くものであったりするならば、よろこんでエピストクラシーを不尊重を表すものとみなそう。そうでないならば、私たちは選挙権を名誉のしるしとして用いるのを止めるべきである。

ハンマーを良いものとするのはなんであるのかを私たちが尋ねるとき、私たちはそれがどれだけよく機能するかによって判断する。ポエムを良いものとするのはなんであるのかを私たちが尋ねるとき、私たちはしばしば、それが象徴し、表す事柄によって判断する。人を良い人にするのはなんであるのかを私たちが判断するとき、私たちはよく、人々には目的自体として価値があるのだと言う。私が見るところ、政治的諸制度は、人やポエムというよりはハンマーのようなものである。制度は道具なのだ。私たちが平和と繁栄のもとに共に暮らすことを助けてくれる制度は良い。私たちがそうすることを他の選択肢に比べて妨げるような制度は、それらがなにを象徴するかにかかわらず、それらを支持する理由を私たちにほとんど与えてくれはしない。

ここまで私たちは、政治参加や政治的諸権利があなた個人にとって本来的に良いものであると主張するための主要な議論の多くが失敗する、ということを確認してきた。また私たちは、デモクラシーを支持するための主要な手続き主義的議論のほとんどは成功しない、ということをも確認してきた。神権政治など、一部の統治形態が手続き主義的根拠によって除外されるべきであるということはあるかもしれないが、私たちはデモクラシーをエピストクラシーよりも選好すべき手続き主義的理由を持っているようには思われない。そのような理由がないならば、それら二つの間での選択は、単に道具主義的なものである。次章で私は、もしエピストクラシーがよりうまく「働く」ならば、私たちはエピストクラシーの支持者になるべきである、という議論に向かう。もしエピストクラシーとデモクラシーが同じくらいうまく働くならば、どちらのシステムでもよい。

注

（1） Schmidtz and Brennan 2010, 189.
（2） Anderson 2009, 215.
（3） Gilbert 2012, 13.
（4） Griffin 2003, 120.
（5） Estlund 2007, 37.
（6） Nozick 1990, 286〔邦訳四五〇頁〕.
（7） Mill 1975; Caplan 2007a; Brennan 2011a.
（8） たとえば、Huemer 2013, 51-80 を参照。
（9） Christiano 2008, 98.
（10） Ibid., 99.

(11) Ibid.
(12) Christiano 2004, 287.
(13) Fedderson, Gailmard, and Sandroni 2009.
(14) ここで政治的判断力という語によって私が意味する事柄は、クリスティアーノがその語が意味する事柄のうちに含めるだろうと私が考えるような事柄をすべて含む。それはつまり、統治の適切な最終目的がなんであるべきかを決定する能力と、それらの最終目的を達成するための最も効果的な手段がなんであるかを決定する能力の両方である。
(15) 大学教育について、次のような見解を抱く者がいるかもしれない。私たち教授らは実のところ学生たちに比べてより良い政治的判断力を有してなどおらず、学生たちにより良い判断力を有させることに長けているのだと。しかし私たち教授らは、学生たちにより良い判断力を有させることに長けていると（この観点に従って）考えられるような他の教授たちの数多くの授業を受講してきた。私たちの教授たちは、他のすべての学生たちがより良い判断力を有するようにしたのだが、私たち——教授になった人々——がより良い判断力を有するようになるのを手助けすることには失敗した、ということだろうか。〔このような結論は奇妙であるため、〕実のところ私は、次のような見解は避けようがないと考える。すなわち、もしあなたがXについての教授であるならば、あなたは平均的な人物に比べてXについてより良い判断力を有する、とあなたは考えるべきである。
(16) 良き議員についての理論として、たとえばDovi 2007を参照。
(17) Christiano 2008, 47.
(18) Christiano 2001, 208; Christiano 2008.
(19) Rawls 1971, 234〔邦訳三一五—三一七頁〕; Rawls 1996, 318–19〔邦訳三七七—三七九頁〕; Rawls 2001, 131〔邦訳二六〇—二六一頁〕; Freeman 2007, 76を参照。
(20) Wall 2006, 257–58.
(21) Freeman 2007, 76.
(22) もし、スカーフに対するこれらの態度が、恣意的な社会的慣行からではなく、進化によって獲得された私たちの心理の深遠な特徴であることが明らかになったとしても、この議論はなお成立するだろう。私たちの心理的傾向性は嘆かわしいものであるだろうし、スカーフはこれらの嘆かわしい傾向性のためにのみ価値を有するということになるだろう。
(23) この点について、ブロガーのウィル・ウィルキンソンは、二〇〇八年のアメリカ大統領選挙の直後に素晴らしい記事を投稿した。ウィルキンソンが言うには、私たちが大統領を「最高峰、人間の山の頂点」と考える傾向にあることを所与とし、かつ、黒人たちに対する抑圧という私たちの歴史を所与とするならば、ある黒人男性が大統領選に勝ったことは重要な出来事である。〔しかし〕同時に、もし私たちが大統領を威厳ある職務として考えるのをやめ、かわりに「全国公共善管理局の長官」として考えたならば、より良かったであろう。ウィルキンソンは続けて述べる。「私は、街の通りが栄えあるリーダーの名前を斉唱する人々で埋め尽くされるのを二度と見ないことを望む。」Will Wilkinson, "One Night of Romance," Fly Bottle, November 5, 2008, http://www.willwilkinson.net/flybottle/2008/11/05/one-night-of-romance/（二〇一六年一月七日アクセス）を参照。

(24) この例についてのさらなる議論として、Brennan and Jaworski 2015 を参照。

(25) Rawls 1971, 144〔邦訳一九四—一九五頁〕.

(26) Delli Carpini and Keeter 1996, 162.

(27) Caplan 2007a; Althaus 2003; Somin 2013; Brennan and Hill 2014.

(28) Boukus, Cassil, and Ann S. O'Malley 2009.

(29) Brennan and Hill 2014, 123.

(30) 私はここで、投票の表出理論に異議を唱えているわけではない。投票の表出理論は記述的理論であり、その理論は、多くの市民は態度表出のために投票する、ということを主張するものである。（大まかに言うならば）表出理論が述べるのは、市民は自らの票が選挙の結果を変えないだろうということを知っており、そのため市民は一定の主義主張のもとで連帯を表明するために票を投じる、ということである。ある人は貧困者との連帯を表明するために民主党に投票し、またある人は個人的責任についての関心を表明するために共和党に投票する。以下を参照。Brennan and Buchanan 1984; Brennan and Lomasky 2003; Brennan and Hamlin 2000.

(31) Saunders 2010, 72.

福島　弦（ふくしま　げん）
早稲田大学大学院政治学研究科博士後期課程
専門：政治哲学
業績：「コンバージェンス公共的理性リベラリズムに対する自己論駁批判の検討」『早稲田政治經濟學雜誌』第396号、2020年。「これからの「正統性」の話をしよう――国家の規範的正統性の概念分析」『政治思想研究』第22号、2022年など。

福原　正人（ふくはら　まさと）
高崎経済大学・フェリス女学院大学非常勤講師
専門：政治哲学・応用倫理学
業績：「民主主義の境界画定――正当性と正統性」『年報政治学』2018年度第II号、2018年。「戦争での殺害と集団責任――兵士はなぜ国家のために死ぬのか」『思想』1155号、2020年など。

福家　佑亮（ふくや　ゆうすけ）
京都大学非常勤講師
専門：政治哲学・倫理学
業績：「共和主義的自由の消極的自由への還元可能性について」『法と哲学』第8号、2022年。「デモクラシーを支えるもの」『実践哲学研究』42号、2019年など。

■著者紹介

ジェイソン・ブレナン（Jason Brennan）
2007 年にアリゾナ大学で Ph. D. 取得後、現在はジョージタウン大学マクドノー・ビジネス・スクール教授を務める。専門は政治哲学、応用倫理、公共政策など多岐に及び、リバタリアニズムの有力な論客である。主な著作に、*A Brief History of Liberty*, Wiley-Blackwell, 2010（David Schmidtz との共著）、*The Ethics of Voting*, Princeton University Press, 2011、*Libertarianism: What Everyone Needs to Know*, Oxford University Press, 2012、*Why Not Capitalism?*, Routledge Press, 2014、*Debating Democracy*, Oxford University Press, 2021（Hélène Landemore との共著）などがある。また、*Routledge Handbook of Libertarianism*, Routledge, 2017 の編者でもある（David Schmidtz、Bas van der Vossen との共編）。

■訳者紹介

井上　彰（いのうえ　あきら）
東京大学大学院総合文化研究科国際社会科学専攻教授
専門：政治哲学・応用倫理学
業績：『正義論』法律文化社、2019 年（共著）。『人口問題の正義論』世界思想社、2019 年（共編著）。『ロールズを読む』ナカニシヤ出版、2018 年（編著）。『正義・平等・責任』岩波書店、2017 年など。

小林　卓人（こばやし　たくと）
早稲田大学政治経済学術院助手
専門：政治哲学
業績：「政治的決定手続きの価値――非道具主義・道具主義・両立主義の再構成と吟味」『政治思想研究』第 19 号、2019 年など。

辻　悠佑（つじ　ゆうすけ）
早稲田大学大学院政治学研究科研究生
専門：政治哲学
業績：「植民地支配と政治的集合体の自己決定」『思想』第 1155 号、2020 年。

アゲインスト・デモクラシー　上巻

2022年8月20日　第1版第1刷発行

著　者　ジェイソン・ブレナン

井上《いのうえ》　彰《あきら》・小林卓人《こばやしたくと》

訳　者　辻《つじ》　悠佑《ゆうすけ》・福島《ふくしま》　弦《げん》

福原正人《ふくはらまさと》・福家佑亮《ふくやゆうすけ》

発行者　井　村　寿　人

発行所　株式会社　勁《けい》　草《そう》　書　房

112-0005 東京都文京区水道2-1-1　振替　00150-2-175253

（編集）電話 03-3815-5277／FAX 03-3814-6968

（営業）電話 03-3814-6861／FAX 03-3814-6854

平文社・松岳社

ISBN978-4-326-35186-2　Printed in Japan

＊落丁本・乱丁本はお取替いたします。
ご感想・お問い合わせは小社ホームページから
お願いいたします。

https://www.keisoshobo.co.jp